W0342485

Peter Neysters | Karl Heinz Schmitt

Getröstet werden

Peter Neysters | Karl Heinz Schmitt

Getröstet werden –

Das Hausbuch zu Leid und Trauer, Sterben und Tod

Mit umfassenden Informationen zu Patientenverfügung, Hospiz, Bestattungsmöglichkeiten, Trauergottesdiensten

Kösel

MIX
Papier aus verantwortungsvollen Quellen
FSC® C011124
FSC
www.fsc.org

Verlagsgruppe Random House FSC-DEU-0100
Das für dieses Buch verwendete FSC®-zertifizierte Papier *Hello Fat Matt 1,1*
liefert Condat, Le Lardin Saint-Lazare, Frankreich.

Umschlag: fuchs_design, München
Umschlagmotiv: © istockphoto.com/alxpin
Herstellung: Denise Jäkel, München; Armin Köhler, Vaterstetten
Druck und Bindung: Mohn Media, Gütersloh
Printed in Germany
ISBN 978-3-466-37039-9

Weitere Informationen zu diesem Buch und unserem
gesamten lieferbaren Programm finden Sie unter
www.koesel.de

Inhalt

4. Kapitel

Den Tod begehen – Trauer durchleben 101

5. Kapitel

Glauben und Hoffen über den Tod hinaus in den Religionen 147

6. Kapitel

Glauben und Hoffen über den Tod hinaus im Christentum 161

7. Kapitel

Sterben lernen – abschiedlich leben 195

8. Kapitel

Gottesdienste, Gebete, Texte und Symbole der Trauer und Hoffnung 225

9. Kapitel

Vorwort

Im Angesicht des Todes dem Leben begegnen.

Hierzu möchte das vorliegende Buch Wege aufzeigen. Es will eine »Überlebens-Hilfe« sein für alle, die vom Sterben und Tod eines nahestehenden Menschen betroffen sind. Dazu haben wir die unterschiedlichsten Situationen des Sterbens und des Todes in den Blick genommen. Sie finden:

- Anregungen zur Sterbebegleitung,
- praktische Hilfen zum Umgang mit dem Verstorbenen,
- Ermutigungen zur Trauer in unterschiedlicher Form und Vermittlung des Trostes im christlichen Glauben und in anderen Religionen.

Wir wollen auch aufzeigen, dass die Begegnung mit Sterben und Tod helfen kann, das eigene Leben bewusster zu leben, es lebenswerter zu machen. Natürlich wissen wir alle, dass wir einmal sterben müssen. Betrachten wir dies als Bedrohung oder Gefahr? Möchten wir lieber unsterblich sein? Oder leben wir besser mit dem Wissen »mitten im Leben vom Tod umfangen« zu sein? Wir würden »ein weiseres Herz gewinnen« heißt es in einem Psalmengebet der Bibel, wenn wir »unsere Tage zählen lernten«.

Vieles in einem »sterblichen Leben« ist anders. Die eigene Begrenztheit im Denken und Handeln ist immer bewusst. Wir gehen sorgfältiger mit der Zeit um und sind geduldiger, nachsichtiger und liebevoller mit anderen Menschen. Und vor allem freier! Angesichts der Begrenztheit allen Lebens bekommen Dinge ihr rechtes Maß: Bedürfnisse, Überzeugungen, Karrieren, gesellschaftliche Zwänge …

Warum weinen Sterbende nicht? Könnte es sein, dass wir am Ende alles loslassen können, ohne eine Träne hinterher zu schicken? Können wir solche »Gelassenheit« angesichts des Sterbens schon im Leben üben? Dann hätte der Tod mit dem Leben schon sehr viel zu tun.

Als Christen glauben wir, dass der Tod nicht nur eine Grenze, ein Ende ist, sondern gleichzeitig ein Tor in ein neues Leben, in die Lebensfülle. Wie aber sollen und können wir uns dies vorstellen? Wie kann das ein Trost in der Trauer und eine Durchhaltekraft im Leben sein?

Wir versuchen, die christliche Botschaft – und in begrenztem Umfang auch die anderer Religionen – von Tod und Auferstehung zu erschließen, ohne dass wir alle Fragen beantworten könnten. Unsere christliche Hoffnung ist nicht selbstsicher. Sie findet ihren angemessenen Ausdruck am ehesten im Gebet:

Ich steh vor dir mit leeren Händen, Herr;
fremd wie dein Name, sind mir deine Wege.
Seit Menschen leben, rufen sie nach Gott;
mein Los ist Tod, hast du nicht andern Segen?
Bist du der Gott, der Zukunft mir verheißt?
Ich möchte glauben, komm mir doch entgegen!

Peter Neysters *Karl Heinz Schmitt*

1. Kapitel

Sterben und Tod begegnen

Zwischen Geburt und Tod

So vielfältig das Leben, so vielfältig das Sterben. Jeder Mensch lebt *sein* Leben, jeder Mensch erlebt *seinen* Tod. Zwischen den Lebenspolen Geburt und Tod erstreckt sich das Leben, nimmt das Leben seinen Lauf. Mit der Geburt beginnt der Mensch zu atmen und eine neue Welt entsteht; mit dem Tod hört der Mensch zu atmen auf und eine ganze Welt vergeht. Zu Beginn unseres Lebens sind wir von liebevollen Händen begrüßt worden, am Ende unseres Lebens hoffen wir, von liebevollen Händen verabschiedet zu werden. Mit einem Lächeln begrüßen die Lebenden den Neugeborenen am Anfang seines Lebens; am Ende des Lebens verabschiedet sich der Sterbende nicht selten mit einem Lächeln von den Lebenden.

Das Leben kann zum Marathon werden, aber auch zur Kurz- oder Mittelstrecke. Wie oft kommt der Tod viel zu früh; wie oft trifft er den Menschen in seinen besten Jahren; wie oft lässt er ungewöhnlich lange auf sich warten. Leben ist letztlich nicht planbar, bestimmbar, machbar – selbst bei bester Lebens- und Familienplanung. Der Tod trifft den Menschen in den unterschiedlichsten Lebenssituationen und Lebensaltern. Niemand weiß, wann, wo und wie er stirbt. Ob in frühen oder späten Jahren, ob in Ruhe und Frieden oder in Panik und Ängsten, ob allein oder im Kreis seiner Lieben. Nicht der Mensch entscheidet über Leben und Tod. Doch ist jeder Tod für die, die mit dem Verlust eines Menschen leben müssen, ein kleiner Weltuntergang.

es ist ein wunder
was ist ein wunder?

gezeugt zu werden
zu zeugen
geboren zu werden
zu gebären
gelebt zu werden
zu leben
geschaffen zu werden
zu schaffen
geträumt zu werden
zu träumen
geliebt zu werden
zu lieben
gebraucht zu werden
zu brauchen
gedacht zu werden
zu denken
gefühlt zu werden
zu fühlen
gestorben zu werden
zu sterben

es ist ein wunder
ist es ein wunder?
es ist

Kurt Marti

Wenn der Tod sich meldet

Der Tod gehört zum Leben – auch zu unserem? Täglich begegnen wir dem tausendfachen Tod: in den Nachrichten von Funk, Fernsehen und Internet, auf den Titelseiten der Zeitungen und Magazine. Jedoch: Der Tod bleibt hier ein mediales Ereignis, ausgelagert in die virtuelle Welt. Seine Schreckensbotschaft hat längst ihren Schrecken verloren.

Und doch übt der Tod eine gewisse Faszination aus. In den Todesanzeigen meldet er sich täglich zu Wort. Die Anzeigen berühren die Menschen auf ganz eigene Weise. Mit zunehmendem Alter schlägt man sie zuerst auf und schaut auf das Geburtsdatum der Verstorbenen, denn immer häufiger rücken diese Daten dem eigenen Geburtsjahr näher.

Wer die Anzeigen genau liest, erfährt etwas über die Menschen und ihre Beziehungen, über ihre Einstellungen zum Leben *vor* und *nach* dem Tod. Erstaunlich, wie man mit wenigen Worten und Zeichen ein ganzes Leben zusammenfassen kann. Und wie, als welcher Mensch, der Verstorbene in Erinnerung bleiben soll.

Todesanzeigen sind oft die einzige persönliche Konfrontation mit dem Tod. Aber auch da bleibt er meist anonym. Es sei denn, ein Mensch ist gestorben, den wir gut kennen, z. B. ein Nachbar von nebenan; eine ehemalige Arbeitskollegin, die wir zu schätzen gelernt haben; ein Schulfreund, den wir aus den Augen verloren haben … Dann schrecken wir auf, sind bestürzt und erschüttert, spüren, wie zerbrechlich das Leben ist – auch unser Leben.

Der Tod wird »persönlich«; der Tod hat einen Namen bekommen. Mit einem Mal hat er für uns eine existenzielle Bedeutung: Wir sind gezwungen – ob wir es wollen oder nicht –, uns mit dem Sterben auseinanderzusetzen. Dem Tod können wir nicht entrinnen. Er meldet sich an als *memento mori*: »Bedenke, dass (auch) du sterblich bist …«

Drei Buchstaben

Ich gehe ihm aus dem Weg
laufe ihm in den Weg
der lebenslang um mich wirbt
mit schwarzer Magie.

Ich verwandle ihn
in ein Wort
drei Buchstaben
der Wohlklang tut weh.

Rose Ausländer

Gekämpft, gehofft und doch verloren

Krebs. Ein Tumor in der Lunge, im fortgeschrittenen Stadium. Die Diagnose trifft den Familienvater wie der Blitz aus bisher heiter erlebtem Himmel. Das kann doch nicht wahr sein! – Da muss sich der Arzt doch geirrt haben! – Wie soll es denn weitergehen?

Der letzte verzweifelte Kampf um das Leben ist verloren. Das letzte Fünkchen Hoffnung ist erloschen. Die tödliche Krankheit hat alle Lebenspläne durchkreuzt, alle Lebensentwürfe verworfen. Das Familienglück scheint zerstört …

Von einem Moment auf den anderen hat alles seinen Sinn verloren. Die Frau und die Kinder sind todunglücklich: Weinen, schreien, verstummen, zürnen, (an-)klagen – und können sich hoffentlich alles von der Seele reden! Es gibt keine »unnormalen« Reaktionen auf eine so außergewöhnliche Diagnose wie »unheilbar«.

Jeder Mensch reagiert auf seine Weise. Was hält, was trägt? Was bewegt, was erschüttert? Was bewahrt davor, endgültig zu verzweifeln? Weil vor lauter Schmerz der Boden unter einem wegzubrechen droht.

»Nach schwerer, mit großer Geduld ertragener Krankheit …« Bewundernswert, wie manche Kranken den letzten beschwerlichen Lebensabschnitt bewältigen. Wer sich zu guter Letzt auf den Tod einlassen will, wird erst einmal das Leben loslassen müssen. Es braucht viele innere Kämpfe, um zu einer solch gelassenen Einstellung zu kommen. Dann kann es vielleicht gelingen, die unheilbare Krankheit mit großer Geduld zu ertragen und Frieden zu schließen mit sich, mit seinem Leben und seinem Sterben. Manchmal ist dieser Friede zu erkennen an den gelösten Gesichtszügen des Sterbenden … vielleicht in der Hoffnung auf »ewigen Frieden«?!

»Dich leiden sehen und nicht helfen können, war unser allergrößter Schmerz …« Die Hilflosigkeit gegenüber dem Leiden und den Schmerzen ihres Vaters, aber auch die eigene Ohnmacht gegenüber der »Macht des Todes«, sie werden für die Familie zu einer harten menschlichen Prüfung. Und doch kann sie dem Sterbenskranken einen letzten großen Dienst erweisen: Mit ihm über das Sterben behutsam sprechen und mutig mit ihm die letzten Schritte gehen.

Dankbarkeit wird ihren Platz in der Familie für die Zeit finden, die sie gemeinsam mit dem Vater verbringen durfte und die unvergesslich bleiben wird: »In unseren Herzen wirst du immer weiterleben.«

Die Bande der Liebe werden mit dem Tod nicht durchschnitten.

Thomas Mann

Nach einem erfüllten Leben schlief sie ganz friedlich ein

Sie hatte gewartet, die alte Frau, bis alle da waren. Alle Angehörigen, die zu ihr gehörten: die Töchter und Söhne, die Schwiegerkinder und die Enkelkinder, ihre einzig noch lebende Schwester. Bis die Letzten angekommen waren, hatte sie gewartet. Der Arzt gab ihr noch einige Tage. Sie aber wusste es besser. Ein letzter Blick reihum, dann schlief sie ganz ruhig, ja beruhigt, ein. Alle waren in den letzten Stunden in ihrem Zimmer. Niemand fehlte. Alle wussten, wer Großmutter für sie war.

»Nach einem erfüllten Leben …« In Liebe und Dankbarkeit nimmt die Familie Abschied. Dankbar vor allem dafür, dass die Lebenszeit der Großmutter ein »Leben in Fülle« war und sich in einem gesegneten Alter vollendete. Wer ein solches Leben gelebt hat, kann sich getrost aus dem Leben verabschieden und seine Familie getröstet zurücklassen. So wie die Großmutter gelebt hat, so ist sie gestorben. So wie sie geglaubt hat, ist sie fortgegangen in eine andere Welt.

Der Tod im Alter – zumal im »gesegneten Alter« – ist für uns ein »ganz normaler Tod«. Alter und Tod liegen nahe beieinander. Und doch hinterlässt selbst der Tod älterer Menschen eine schmerzhafte Lücke. Zumal wenn es den Letzten aus der alten Generation der Familie trifft. Dann sind die Töchter und Söhne die nächste Generation der Alten. In die Trauer um die verstorbene Großmutter mischt sich das Nachdenken über das eigene begrenzte Leben.

»Wenn es hoch kommt, 80 Jahre«, gesteht der Psalmist im Alten Testament (Psalm 90) großzügig den Menschen zu. Doch inzwischen überleben immer mehr Menschen dieses »biblische Alter«. Im gesegneten Alter, nach einem erfüllten Leben, in Frieden mit sich und der Welt zu sterben, was können und dürfen wir mehr vom Leben erwarten?

Ihr aber, die ihr mich so geliebt habt,
seht nicht auf das Leben, das ich beendet habe,
sondern auf das, welches ich beginne.

Augustinus

In memoriam

Heuer im Sommer
sagte meine Mutter plötzlich:
»Nein, wünscht mir keinen anderen Winter mehr,
ich bin zu lang hier, viel zu lang
schau ...«

Sie blickte schüchtern
aufs Foto meines Vaters an der Wand
und begann schweigend,
die Namen der Verstorbenen
in ihrem Adressbuch zu streichen.

Der Herbst
entfaltet sich im Himmelblau
zum Abschied.
Jetzt erst begreifen wir das Glück
der bitteren schönen
langen Jahre.

Ludvik Kundera

Geboren und schon bald gestorben

Drei Wochen und drei Tage lebte die kleine Felicitas. Dann starb sie. Alles Hoffen und Bangen war vergeblich. Schmerz, Erstarrung, Stillstand – und immer wieder die quälende Frage nach dem »Warum?«: Warum gerade unser Kind? Warum ein so unschuldiges Kind? Warum ein solch sinnloser Tod? Ein Kind wird doch nicht geboren, um gleich wieder sterben zu müssen!

Sie versuchen das Geschehen zu begreifen, ihr Schicksal zu verstehen, und müssen doch lernen: Es gibt Ereignisse zwischen Himmel und Erde, die man nicht erklären kann. Auch das ist ein schmerzhafter Prozess!

Was bleibt, sind die Erinnerungen. Gesammelt in den bangen Wochen im Krankenhaus. Ganz intensiv gesammelt an jedem einzelnen Tag, da die Eltern nicht wussten, wie viel Zeit ihnen noch bleibt. Sie haben ihr Kind keine Minute allein gelassen. Wenn es nur ein kurzes Leben hatte, sollte es ein intensiv begleitetes Leben sein – für alle Betroffenen.

Je rätselhafter der Tod, je hilfloser und ohnmächtiger der Mensch, desto unerträglicher das Leid und desto untröstlicher die Trauernden. Sie fallen in ein dunkles Loch.

Erinnerungen sind wesentlich für die Trauer und dafür, wie das Leben weitergeht – auch wenn die Frage aller Fragen vorerst unbeantwortet bleibt. Aber vielleicht brauchen die Eltern keine Antwort mehr: Ihre Liebe ist lebendig geblieben dank der Erinnerungen. Und ihr Blick geht immer öfter nach oben: Ein Stern mehr am Himmel …

Lässt sich für einen Menschen
ein größeres Leid erdenken,
als ein Kind sterben zu sehen?

Euripides

Warum, Herr?

Warum?
Herr, warum?
Wir verstehen es nicht.
Warum musste unser Kind sterben,
bevor es richtig leben konnte?
Wir haben uns so sehr auf Felicitas gefreut,
wollten ihr gute Eltern sein.
Doch es sollte nicht sein.
Du hast unsere Felicitas zu dir genommen.
Warum, Herr?
Warum?

Er ging ohne Abschied

Als sie die Tür öffnete und die beiden Polizeibeamten vor sich sah, ahnte sie sofort, dass etwas Schlimmes passiert sein musste: »Ihr Sohn hat sich erhängt.« Wann, wo, wie, warum?

Tage und Wochen danach nur dumpfe Leere. Unwirklich das Ganze. Wie in einem Film, der nichts mit der grausamen Realität zu tun hatte. Alle wollten eine Antwort finden: der Vater, die Schwestern, die Freunde, die Kollegen. Die Mutter nicht. Sie fühlte sich überfordert, wollte es nicht wahrhaben, dass er nicht mehr da war. »Ich bin traurig, manchmal auch wütend, meist ratlos. Ich verstehe ihn nicht, aber ich verurteile ihn nicht. Was hat das alles für einen Sinn?«

Dass er ging, ohne etwas zurückzulassen, keinen Brief, nicht den geringsten Hinweis, nichts. Und keine Gelegenheit zur Verabschiedung, kein Lebewohl. Der Sohn hatte seinem Leben ein Ende gesetzt. Als letzten verzweifelten Ausweg den Tod gesucht – unmissverständlich und doch unverständlich. Es ist, was es ist: das Ende! Nichts bleibt als das Nichts.

»Freiwillig« sei er in den Tod gegangen, heißt es. Ob der Wille wirklich so frei war? Jeder Mensch hängt doch am Leben. Niemand wirft sein Leben »leicht-sinnig« weg. Er muss schon von Sinnen sein, voller Verzweiflung ob der Sinnlosigkeit des Lebens. Wer wagt es, über diesen Menschen zu richten? Wer wagt es, den Stab über ihn zu brechen? Wenn ein Mensch in seelischer Not und Zerrissenheit seinem Leben ein bitteres Ende setzt, verbieten sich jede moralische Verurteilung und Ächtung.

»Wer große Not nicht wenden kann, sieht kaum noch Notwendigkeit zum Leben.« Wo die Zumutbarkeit des Lebens seine Grenze findet, sind Trauer, Takt und Respekt vor der Lebenstragödie eines Menschen gefordert. Eine solche Anteilnahme gilt auch der Familie. Sie muss mit dem unfassbaren Geschehen fertig werden. Was sind wir dem Sohn schuldig geblieben? Wo haben wir versagt? Warum hat er sich (und uns) das angetan?

Nichts kann ungeschehen gemacht, nichts wiedergutgemacht werden. So viele Erinnerungen, so viele verpasste Gelegenheiten! Alle, die Eltern und Geschwister, müssen mit dieser Familientragödie leben lernen. Da ist Beistand gefragt: Menschen, die mit der Familie reden – und nicht über sie.

Geheimnis an der Schwelle des Todes.

Lege deinen Finger an den Mund:

Schweigen. Schweigen. Schweigen.

Nelly Sachs

Erlöst – und doch hätte ich sie gern behalten

Sie ist unter der Last der langen Pflege fast zusammengebrochen. Der ständige Einsatz rund um die Uhr, Tag für Tag, und oft auch nachts. Die Mutter war zum Pflegefall geworden: Waschen, Anziehen, Füttern, Einreiben, Schlafen legen – aber sie ins Heim geben, das wollte die Familie nicht.

Kinder und Mann halfen, so gut es ging. Aber letztlich blieb doch alles an ihr hängen. Auch wenn der Rücken schmerzte, die Schlaflosigkeit zunahm, die Kräfte schwanden.

»Am Ende habe ich nur noch gebetet, dass der Herr sie erlöst«, gestand sie sich ein. Als die Mutter nach langem Siechtum starb, war es für sie eine Erlösung. Aber für die Tochter? Jetzt ist es ruhig geworden im Haus – und leer. Die Mutter fehlt, auch wenn sie am Ende kaum mehr sprechen konnte. »Wie gern hätte ich sie noch behalten ...«

Das Gefühl innerer Leere ist für sie schlimmer als alles, was vorher so bedrückend war. Die Last der Pflege ist genommen, aber so »pflegeleicht« ist das Leben noch nicht geworden.

Jeder Abschied ist ein kleiner Tod,
aber jeder Tod ein großer Abschied.

Alphonse Allais

Plötzlich und unerwartet

»Völlig überraschend und viel zu früh ...« Der Tod kam in den »besten Jahren«. Wo das Leben »boomt« und seinen Höhepunkt erreicht. Wo das Ehepaar vieles erfolgreich abgeschlossen hatte, wo es vieles noch erwartungsvoll angehen wollte. Wo die Eheleute – der Prognose stetig steigender Lebenserwartung vertrauend – noch viele gemeinsame Jahre miteinander zu verbringen hofften. Der Tod gehört zum Leben. Wie oft hatten die Eheleute das bei der morgendlichen Zeitungslektüre so leichthin gesagt. Doch nun war der Tod ganz plötzlich und unerwartet in ihre traute Zweisamkeit eingedrungen. Herzstillstand – der Mann, obgleich ein sportlicher Typ, hatte keine Überlebenschance.

»Mitten im Leben sind wir vom Tod umfangen«, heißt es in einem mittelalterlichen Lied. Der Tod ist aber nicht nur mitten *im* Leben, er reißt oft mitten *aus* dem Leben. Und gelegentlich auch aus der Mitte des Lebens, wo niemand ihn auf der (Lebens-)Rechnung hat. Wo eigentlich der Tod noch zu warten hat.

Es ist schon ein wenig paradox: Die meisten Menschen wünschen sich einen schnellen und plötzlichen Tod. Einen Tod, der nicht lange auf sich warten lässt, der von einer Sekunde auf die andere kommt, der uns möglichst im Schlaf ereilt. Vielleicht hatte sich der Mann auch einen solch stillen Tod gewünscht. Vielleicht wollte er sich auch lieber von ihm über Nacht überraschen lassen – nur nicht so früh ...

So aber traf der Tod ihn und seine Frau völlig unvorbereitet. Nie hatten sie daran gedacht, dass der Tod sich womöglich schon in den »besten Lebensjahren« anmelden würde. Es war noch so viel zu sagen. Es war noch so viel zu fragen. Auf einmal war es dafür zu spät. »Du warst so voller Lebendigkeit, so voller Liebe und Freude. Es ist schwer zu begreifen, dass du nicht mehr da bist.«

Der frühe Tod rüttelt explosiv an den Grundfesten menschlicher Existenz. Spürbar wird in solchen Grenzsituationen: Leben versteht sich immer als »Leben auf Zeit«. Leben ist begrenzt und endlich. Den Tod als Grenze menschlichen Lebens zu akzeptieren lernen, ist eine »Lebensaufgabe« – und nicht die leichteste. Aber sie lässt uns das Leben intensiver und befreiter leben. Alles hat seine Zeit, alles zu seiner Zeit.

Man sagt mir,
ich soll es nicht so schwer nehmen
Man sagt mir,
das Leben ginge weiter
Man sagt mir,
jeder müsste lernen
Verluste zu überwinden
Man sagt mir,
jede Prüfung des Lebens
brächte mich weiter
Man sagt mir,
die Zeit lässt jeden Schmerz
vergehen

Aber
hier und jetzt bin ich allein!
Mein Gott
lass mich nicht in diesen Abgrund stürzen
Strecke Deine Hand aus
und
fange mich im Fluge ab
bevor ich
am Boden
zerbreche

Tina Krug

Die schwersten Wege
werden alleine gegangen,
die Enttäuschung, der Verlust,
das Opfer, sind einsam.

Hilde Domin

Der Tod stellt viele Fragen

Nichts ist in unserem Leben so sicher wie der Tod. Aber nichts macht uns in unserem Leben so unsicher wie der Tod. Der Tod stellt viele Fragen; der Tod stellt vieles infrage. Und auch wir haben viele Fragen an den Tod … und an den Herrn über Leben und Tod!

- › Warum musste unser Kind so jung und so plötzlich sterben?
- › Warum hat unser Sohn mit seinem Leben Schluss gemacht?
- › Wie geht es jetzt weiter ohne den Vater?
- › Was hat das alles noch für einen Sinn ohne den geliebten Partner?
- › Warum kommt die alte Mutter nicht zum Sterben?
- › Wie kann Gott so viel unermessliches Leid zulassen?
- › Wie geht es weiter nach dem Tod?
- › Wo sind die Toten?
- › Wo finden wir Trost in Leid und Trauer?
- › …
- › Und wo finde ich Antwort(en) auf meine vielen Fragen?

Der Vorsitzende des Rates der Evangelischen Kirche in Deutschland, Nikolaus Schneider, hat vor einigen Jahren seine jüngste Tochter Meike, 22 Jahre, durch Leukämie verloren. Zwei Jahre lang begleitete die Familie sie auf dem langen Weg des Sterbens, bis sie in den Armen ihrer Eltern starb. Nikolaus und Anne Schneider haben ihre Hoffnungen und Ängste, ihr Hadern mit Gott und ihr Vertrauen in Gott öffentlich gemacht und sich damit über alle (angeblichen) Tabus hinweggesetzt. Als mögliche Hilfe und Ermutigung für uns, offen über Sterben und Tod, über Trauer und Leid zu sprechen. Und auch die offenen Fragen und Zweifel zu benennen.

»Ich bin damit nicht fertig«, sagt Nikolaus Schneider, »da habe ich mit meinem Gott noch ein ernstes Wort zu reden. Nein, Herr, das war nicht in Ordnung!«

Memento

Vor meinem eignen Tod ist mir nicht bang,
nur vor dem Tode derer, die mir nah sind.
Wie soll ich leben, wenn sie nicht mehr da sind?

Allein im Nebel tast ich todentlang
und lass mich willig in das Dunkel treiben,
das Gehen schmerzt nicht halb so wie das Bleiben.

Der weiß es wohl, dem Gleiches widerfuhr;
– und die es trugen, mögen mir vergeben.
Bedenkt: den eignen Tod, den stirbt man nur,
doch mit dem Tod der andern muss man leben.

Mascha Kaléko

2. Kapitel

Menschenwürdig sterben helfen

Im Wissen um seinen Tod lebt und stirbt der Mensch. Mag er sich in jungen Jahren auch als »unsterblich« erleben und in der Lebensmitte den Tod allzu gern zu verdrängen suchen, spätestens mit zunehmendem Alter wird der Tod mehr und mehr zur realen Lebenswirklichkeit. »Wie werde ich sterben?« – Dies ist wohl eine der *letzten* Fragen des Menschen. Und zugleich die größte Sorge, um die es gegen Ende seines Lebens geht.

Jeder Mensch stirbt anders, jeder Mensch stirbt seinen persönlichen Tod: im Krankenhaus, im Alters- oder Pflegeheim, im Hospiz, unterwegs oder zu Hause. Der eine möchte allein sein, der andere möchte Menschen um sich haben. Der eine kann über seinen Tod sprechen, der andere will davon nichts wissen. Der eine will endlich sterben, der andere noch lange nicht. Der eine verbannt den Tod aus seinem Leben, der andere wiederum holt den Tod ins Leben.

Menschen fürchten den Tod. Noch mehr aber fürchten sie ein menschenunwürdiges Sterben, das ihrer menschlichen Würde widerspricht. Vielen steht das »Schreckgespenst« eines Dahinsiechens und Dahinvegetierens vor Augen, angebunden an verschiedenen Schläuchen und Apparaten in einem oft seelenlosen Klinikbetrieb.

Der Mensch kann nicht leben
ohne ein dauerndes Vertrauen
zu etwas Unzerstörbarem in sich.

Franz Kafka

Und er kann dann wohl auch nicht sterben …

Niemals darf die letzte Phase im menschlichen Leben unter den Verdacht der Nutz- und Sinnlosigkeit geraten, gar der Ineffizienz oder der Unrentabilität. Und kein noch so Sterbenskranker darf im Endstadium seines Lebens zum »hoffnungslosen Fall« erklärt werden. Andernfalls wird er um seinen Tod betrogen. Gäbe es den Tod nicht, wo würde das Leben dann ankommen, wenn es auf sein Ende zugeht?

Menschwürdig sterben, wie es seiner personalen Würde entspricht – das ist wohl die letzte Hoffnung eines jeden Menschen. Menschenwürdig kann sterben, wer am Ende seines Lebens noch einmal Nähe und Wärme, Annahme und Wertschätzung, Verbundenheit und Solidarität erlebt. Wer in den letzten Stunden seines Lebens nicht allein ist, nicht allein gelassen wird. Wer dann noch einmal, buchstäblich ein letztes Mal, erfährt, wer er ist und was er anderen bedeutet.

Die Sterbenden brauchen einen Platz – im Doppelsinn des Wortes: einen würdigen Ort zum Sterben und einen bleibenden Platz bei den Lebenden! Nicht der ist tot, der gestorben ist, sondern der, der in Vergessenheit gerät.

Es geht darum,
dass die Toten einen Platz bekommen.
Das ist eigentlich Kultur.

Heiner Müller

Dies sei das höchste Ziel des Erdenlebens,
winkt einst nach Müh´ und Plag´ die Ruhe Dir,
zu sagen: »Ja, ich lebte nicht vergebens
und was ich schuf, das endet nicht mit mir.«
Du brauchst ja große Werke nicht zu üben,
wenn Du nur stets das Beste angestrebt!
Lebst Du dann fort im Herzen Deiner Lieben,
dann hast Du wahrlich nicht umsonst gelebt!

Rainer Maria Rilke

Zu Hause sterben

Früher hatte der Tod ganz selbstverständlich seinen Platz im Leben der Menschen. Sie starben meist zu Hause im eigenen Bett, umgeben von Jung und Alt aus der Familie. Der Tod war oft Gast im Haus.

Heute sterben die meisten Menschen in Krankenhäusern und Heimen. Der Tod ist »unsichtbar« geworden. Viele Menschen haben noch nie einen Toten gesehen, kaum einer einen Menschen in den Tod begleitet. Man will, vor allem den Kindern, den Anblick eines Sterbenskranken ersparen. Großes Entsetzen, wenn man sieht, wie schlecht es der Großmutter geht, wie ausgemergelt der Großvater aussieht, wie gezeichnet vom Tod die Sterbenden sind. Sterben kann einsam machen. Verwandte, Freunde, Kollegen wissen nicht, wie sie sich verhalten sollen, was sie sagen können oder besser nicht. Sie scheuen den Besuch und ziehen sich zurück. Je näher der Tod heranrückt, desto weniger Leute kommen den Sterbenskranken besuchen, können Krankenschwestern erzählen.

Der Mensch hat die Furcht vor dem Tod
in die Welt gebracht, nicht Gott.
Der Tod ist das Zeichen
unserer Verwundbarkeit.

Henry Miller

Früher starb man zu Hause. Bis heute haben die meisten Menschen den Wunsch, möglichst lange zu Hause zu bleiben und dort auch, im Kreise ihrer Familie, zu sterben. Hier kennen sie sich aus, hier ist ihnen alles ver-

traut. Gebunden an das Haus, verbunden mit den Angehörigen – das schafft ein Gefühl der Zugehörigkeit bis zum letzten Atemzug. Das gibt Halt und Sicherheit. Mit dem Tod kennen wir uns nicht aus, wohl aber mit so manchen Todesgefahren. Von daher hat der Tod etwas Gefährliches, etwas Bedrohliches an sich. Verständlich die Todesangst, die Angst vor Sterben und Tod.

Der Tod verliert etwas von seinem Schrecken, wenn er den Menschen in vertrauter Umgebung unter vertrauten Menschen antrifft. Die Familie ist sicherlich der Ort, wo Sterbende »getrost« sterben können – in »gesicherten« Beziehungen und in persönlicher Geborgenheit.

Warum weinen Sterbende nie?

Max Frisch

»Mitsterben« – sein Leben bewusster leben

Wer den Tod eines lieben Angehörigen »mitgestorben« ist, der kehrt mit einer völlig anderen Perspektive ins Leben zurück. Als ein Anderer wird er sein Leben bewusster leben. Es von Grund auf neu ordnen, andere Prioritäten setzen. Von seinem Ende aus betrachtet, wird sich vieles im Leben relativieren: das eine an Bedeutung gewinnen, das andere an Gewichtung verlieren. Der Tod setzt neue Maßstäbe für das Leben. Der Tod stößt Fragen an, die zuvor nie oder höchst selten gestellt wurden. Was heißt es eigentlich, am Leben zu sein?

Möge der Tod uns lebendig finden
und das Leben uns nicht tot.

Kalenderspruch

Zwischen Wunsch und Wirklichkeit

Zu Hause sterben – wie so oft im Leben tut sich eine Kluft auf zwischen Wunsch und Wirklichkeit. Die Lebensbedingungen der Familie haben sich grundlegend verändert. Mobilität und Flexibilität haben längst den Alltag der Familie erreicht. Nur noch selten wohnen Generationen am gleichen Ort, noch seltener unter einem Dach. Die erwachsenen Kinder leben oft weit entfernt, mitunter sogar »weltweit«. Und ihre Zahl hat sich in den letzten Jahren und Jahrzehnten stark verringert.

Die Familien sind kleiner geworden und leben »globaler«. Rollen und Funktionen ihrer Mitglieder sind offener, freier und vielfältiger geworden. Neben den Männern sind immer mehr Frauen berufstätig. Wer hat da noch ausreichend Zeit, Platz und vor allem auch persönliche Ressourcen zur Pflege? Sie verlangt oft genug den ganzen Menschen rund um die Uhr. Noch immer werden zwei Drittel der Pflegebedürftigen zu Hause von Familienangehörigen gepflegt – oft bis zur persönlichen Erschöpfung der Pflegenden. Familie – das ist nicht nur das Leben mit den Jungen, sondern zunehmend der Alltag mit den Alten.

Gefordert, mitunter überfordert

Meist sind es (wie so oft) die Frauen, die hier in besonderer Weise gefordert sind, gelegentlich auch überfordert. Haben sich gerade die Kinder endgültig aus dem Haus verabschiedet, kommen die alten und pflegebedürftigen Eltern oder Schwiegereltern ins Haus. Da geraten so manche Familien in eine zwiespältige Situation – hin- und hergerissen zwischen den eigenen Lebensplänen und den familiären Verpflichtungen. Hier können ambulante Pflege- und Sozialstationen »vor Ort« die Entscheidung ganz wesentlich erleichtern. Sie beraten die Pflegenden, bieten Gesprächskreise an und informieren über Möglichkeiten finanzieller und personeller Unterstützung.

Palliativmedizin und ambulantes Hospiz

Wenn Pflegebedürftige unheilbar erkranken, werden Betreuung und Begleitung wichtiger und notwendiger, aber auch anspruchsvoller und anfordernder. Die wenigsten Familien haben eine Vorstellung, was es heißt, einen sterbenskranken Menschen bis zuletzt zu betreuen. Mit all seinen Schmerzen, Ängsten und Depressionen, mit Atemnot, Übelkeit, Erbrechen, Ersticken. Da kann Sterben für alle zur Last werden. Da können Menschen an ihre Grenzen stoßen. Man tut alles für den Kranken, aber es wird nicht besser, sondern nur schlechter. In einer solch ausweglosen Situation ist professionelle Hilfe gefragt. Palliativmedizin und ambulante Hospize können Schmerzen und Leiden der Kranken lindern helfen und zugleich die Familien unterstützen, so weit es eben geht.

Adressen von SAPV-Teams gibt es im Internet unter www.ag-sapv.de und beim Deutschen Hospiz- und Palliativ-Verband unter www.hospiz.net oder per Telefon 030/82007580.

»**Pallium**« heißt Mantel, und wie ein Mantel soll die palliative Behandlung den Schwerstkranken (an Leib und Seele) umhüllen. Im Vordergrund steht nicht mehr das Heilen, sondern das Lindern von quälenden Schmerzen. Es ist in den letzten Jahren ein immer dichter werdendes Netz aus ambulanter und stationärer Versorgung entstanden. Seit 2007 haben schwer kranke Menschen einen Anspruch darauf, zu Hause betreut zu werden. Daraufhin haben sich Hausärzte, Palliativmediziner, Pfleger und Sozialpädagogen in Teams zusammengeschlossen und bieten die sogenannte »Spezialisierte ambulante Palliativversorgung« (SAPV) an. Deutschlandweit arbeiten etwa hundertfünfzig Teams, daneben noch eine Vielzahl ehrenamtlicher Dienste. Wer nicht zu Hause behandelt werden kann, den nimmt die Palliativstation auf, die in der Regel einer Klinik angegliedert ist. Zur Behandlung akuter Probleme bleiben die Schmerzpatienten allerdings nur ein bis zwei Wochen dort, um dann nach Hause oder in ein Heim bzw. in ein Hospiz verlegt zu werden.

Eine schwere Entscheidung

Einem Angehörigen das Sterben zu Hause zu ermöglichen, setzt eine Reihe bewusster Entscheidungen voraus. Guter Wille allein genügt nicht. Einige wichtige Voraussetzungen sind zu berücksichtigen:

- Der Sterbende selbst hat den Wunsch, zum Sterben im Haus zu bleiben oder nach Hause zu kommen.
- Der Sterbende weiß um seine Situation, dass seine Erkrankung unheilbar geworden ist und er sterben wird. Er wünscht keine das Leben künstlich verlängernde Maßnahmen mehr, die klinischer Überwachung bedürfen, wohl aber lindernde Therapie und Pflege.
- In der Familie übernimmt eine Person die Verantwortung für die Versorgung mit entsprechendem Zeit- und Kräftebudget. Sie wird dabei durch die Familie und durch ambulante Hospizdienste unterstützt.
- Die Familienmitglieder haben den ersten Schock der Diagnose einigermaßen verarbeitet und sind nicht mehr in einem Zustand stark emotionalen Aufruhrs. Sie sind so weit stabil, sich den physischen und psychischen Herausforderungen zu stellen.

Leid und Schmerz können nur ertragen werden, wenn sie mitgetragen werden.

Kalenderspruch

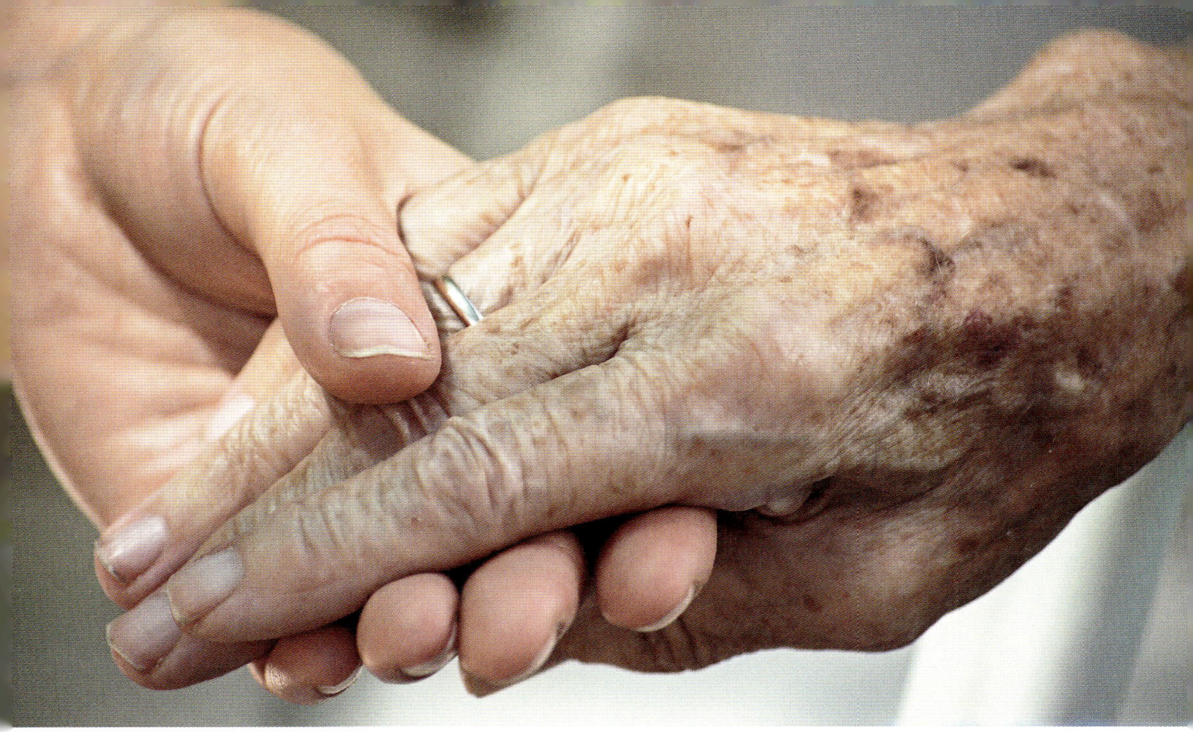

Heilsame Erfahrungen

Für Familien können unter diesen Voraussetzungen die Stunden und Tage des Abschiednehmens zu einer trostvollen, ja heilsamen Erfahrung werden:

- Sie erleben, wie der Sterbende sich mit seinem letzten Wunsch als selbst erwünscht und angenommen durch menschliche Fürsorge und Zuwendung erfährt.
- Sie erleben, wie sie selbst die Qualität der letzten Lebensspanne gestalten können. Und sie erfahren dabei, wie reich, wie kostbar, wie vielfältig ihr gemeinsames Leben letztendlich doch ist und war.
- Sie erleben, wie vielleicht noch bisher Unerklärtes und Ungeklärtes geklärt wird und »letzte Dinge« geordnet bzw. erledigt werden können.
- Sie erleben, wie bereichernd bei aller Belastung dieser »letzte Dienst« für sie selbst sein kann.
- Sie erleben, wie der Sterbende, aber auch sie selbst, viel freier und ungestörter ihre Gefühle der Trauer, des Schmerzes, der Liebe und Zuneigung ausdrücken können.

Bevor ich sterbe

Noch einmal sprechen
von der Wärme des Lebens
damit doch einige wissen:
Es ist nicht warm
aber es könnte warm sein

Bevor ich sterbe
noch einmal sprechen
von Liebe
damit doch einige sagen:
Das gab es
das muß es geben

Noch einmal sprechen
vom Glück der Hoffnung auf Glück
damit noch einige fragen:
Was war da
wann kommt es wieder?

Erich Fried

Im Krankenhaus sterben

Die meisten Menschen sterben im Krankenhaus. Sie sterben in einer fremden Umgebung unter wenig vertrauten Menschen. Sie sterben in einem Haus, wo der Tod etwas Alltägliches, mitunter zur Routine geworden ist. Aus ökonomischen Gründen werden immer mehr Kranke von immer weniger Personal behandelt. Ärzte, Schwestern, Pfleger sind zeitlich und oft auch menschlich einfach überfordert, den Sterbenden in seinen letzten Stunden zu begleiten. Sie alle tun ihr Bestes, was medizinische Versorgung und Pflege betrifft, ja sie kämpfen nicht selten bis zur Erschöpfung um das Leben ihrer Patienten.

Wenn sich dennoch der Tod anmeldet, verhindern zeitliche Überbeanspruchung und strenge Rationalisierung der Arbeit die notwendigen Gespräche am Sterbebett und die menschliche Fürsorge und Nähe zum Sterbenden. Dabei geht es doch nicht um »Fälle«, es geht um Menschen! Es kann schon helfen, wenn der Arzt sich ans Bett des Kranken setzt und auf Augenhöhe mit ihm spricht. Ihm signalisiert: Ich habe Zeit für dich! Ich höre dir zu! Ich nehme dich ernst mit deinen Sorgen, Nöten, Ängsten!

Das Sterben eines Menschen konfrontiert Ärzte, Schwestern und Pfleger mit den Grenzen ihrer Heil- und Pflegekunst. Der Tod ist für viele eine persönliche berufliche Niederlage, oft von Gefühlen der Ohnmacht, Resignation und Bitterkeit begleitet. Und er erinnert jeweils an die Begrenztheit des eigenen Lebens. Dennoch müssen sie, vor allem die Ärzte, in schweren und oft belastenden Gesprächen, die Patienten wahrheitsgemäß über ihren Zustand aufklären. Wer könnte von sich sagen, dass es ihm nichts ausmacht, anderen Menschen wenig erfreuliche Botschaften mitzuteilen?! Dennoch darf die »schlechte Nachricht« kein Tabuthema sein. Dazu braucht es allerdings kommunikative Fähigkeiten, eine empathische Grundhaltung und nicht zuletzt die notwendige Zeit!

»Man begegnet sehr unterschiedlichen Ärzten, Schwestern, Pflegern. Die einen verbinden menschliche Reife und Stärke mit hoher Fachkompetenz. Andere wiederum sind zwar fachlich versiert, haben dagegen eine schwach ausgebildete Sozialkompetenz. Bei den einen fühlt man sich sofort gut aufgehoben, bei den anderen fühlt man sich gleich unwohl. Das ist wohl überall im Leben so. Aber als Angehöriger eines Sterbenskranken ist man in einer Situation, in der man selbst schwach, unsicher und oft ganz verzweifelt ist. Da kann man Zuspruch und Trost gut gebrauchen.«

Vom Hospital zur Klinik

Die medizinischen Möglichkeiten grenzen heutzutage bisweilen an ein Wunder. Viele Menschen überleben Krankheiten, die noch vor einiger Zeit zwangsläufig zum Tode führten. Die moderne Heilkunst hat gewaltige Fortschritte gemacht, was unbestritten ein großer Segen ist. Die alte »Kunst des Sterbens« (»ars moriendi«) scheint dagegen eher Rückschritte zu machen. Man kommt ins Krankenhaus, um gesund zu werden, und nicht, um zu sterben. Kliniken sind dafür gemacht, Leben zu erhalten. Eine Kultur des Umgangs mit Leidenden und Sterbenden ist darüber vielerorts verloren gegangen.

Aus Kostengründen wird die »Verweildauer« ständig reduziert, was zu einem »höheren Durchlauf« an Patienten führt. Sprache ist verräterisch: Aus dem Hospital, das vom Wortsinn »Station der Gastfreundschaft« bedeutet, sind Kliniken geworden, die höchsten medizinischen Standards entsprechen, oft genug jedoch einen wenig gastlichen Eindruck hinterlassen.

Manche Krankenhäuser wissen um diese Nöte und haben, der Notwendigkeit folgend, auf den Stationen eigene Abschiedsräume eingerichtet. In ruhiger und liebevoller Atmosphäre können der todkranke Patient und seine Angehörigen in Würde voneinander Abschied nehmen. Da findet die Trauer, die sonst in den Kliniken oft verdrängt und unterdrückt wird, ihren angemessenen Ort. Die Stunde des Abschieds ist dann keine Katastrophe, sondern eine Möglichkeit der Aussöhnung und der Versöhnung – buchstäblich mit »Gott und der Welt«. Falls gewünscht, können Seelsorger und Seelsorgerinnen beider Kirchen in diesen schweren Stunden Beistand und Hilfe leisten.

Und in diesem Augenblick sah der Sterbende seinen Jungen an – und er tat ihm leid.
Und er sah seine Frau an, die hereingetreten war. Tränen überströmten ihr Gesicht. Sie tat ihm leid.
Und er wollte es ihnen sagen: Ihr tut mir leid. Aber er konnte nicht mehr sprechen.
Und er wusste: Wenn ich gestorben bin, wird alles leichter für sie.
Und er dachte: Ich will es tun. Ich will sterben.
Und da war es ganz still geworden mit einmal und ganz ruhig. Wie gut und wie einfach, dachte er. Und der Schmerz – er hörte ja auf.
Und die Angst wo ist sie? Er konnte sie nicht mehr finden. Und der Tod – wo war er? Da war keine Angst mehr.
Und der Tod hatte keine Macht mehr über ihn.
Zwei Stunden später ist er gestorben.

Leo Tolstoi

Die Angst schafft niemand aus der Welt,
aber das Vertrauen hilft sie besiegen.

Johann Gottfried Herder

Im Pflegeheim sterben

Wir leben heute in einer Gesellschaft des langen Lebens. Nie zuvor haben so viele Menschen so lange gelebt wie zu unserer Zeit. Und die Lebenserwartung steigt weiter an – jedes Jahr um zwei bis drei Monate. Kein Anteil der Bevölkerung wächst so schnell wie die Gruppe der über 60-Jährigen. Auch wenn die jungen Alten viel gesünder und leistungsstärker sind als vorhergehende Generationen, so werden viele von ihnen in 25 oder 30 Jahren dennoch zu Pflegefällen werden.

Die Alten von morgen erwarten viele »gesunde« Jahre, aber im hohen Alter stehen ihnen oft »schwere« Jahre bevor. Zwar wird die Pflegebedürftigkeit zukünftig immer später auftreten, dann jedoch umso schwerwiegender und belastender. Die Familienpflege hat ihre Grenzen: durch das immer höhere Alter sowohl der Pflegebedürftigen wie auch der Pflegenden. Zukünftig werden mehr und mehr Menschen in Alters- und Pflegeheimen versorgt werden müssen – und viele von ihnen werden dort auch sterben.

Für die meisten Menschen ist das eine schreckliche Vorstellung. Viele fühlen sich »abgeschoben« und allein gelassen. Und nicht alle Alten- und Pflegeheime haben ein gutes »Standing«. Zu unterschiedlich ist deren Qualität, was Versorgung und Pflege betrifft. Es gibt vorbildliche Heime, die beweisen, dass man gut wirtschaften und doch zugleich menschlich angemessen pflegen kann; es gibt auch skandalträchtige Einrichtungen, die mit der Pflege ein gutes Geschäft machen wollen, auf Kosten der alten Menschen.

Doch zukünftig wird vielen pflegebedürftigen Menschen keine andere Wahl bleiben, als die letzten Lebensjahre in einem Heim zu verbringen. Neben ambulanten Pflegediensten ist der Ausbau stationärer Einrichtungen dringend erforderlich. Noch notwendiger braucht es eine Qualitätssicherung des gesamten Pflegebereiches. Es geht um Mindestanforderungen für eine menschenwürdige Grundversorgung. Vor allem in der letzten Lebensphase darf eine angemessene Wegbegleitung nicht an Zeit- oder Geldmangel scheitern. Zu guter Letzt geht es doch um die Gewissheit und Zuversicht für jeden Heimbewohner, dass ihm beim Sterben jemand die Hand hält.

In manchen Pflegeheimen wird der Tod im Haus durch Hinweise auf den Fluren und durch eine brennende Kerze in der Kapelle oder im Raum der Stille angezeigt. Niemand stirbt für sich allein.

Auf die Frage, warum so wenige alte Menschen für eine bessere Pflege auf die Straße gehen, antwortete der Kabarettist Dieter Hildebrandt, selbst über achtzig: »Die einen können es nicht mehr, die anderen wollen nicht daran denken, dass sie am nächsten Tag selbst betroffen sein könnten.«

Im Hospiz sterben

Auch wenn die meisten Menschen einen schnellen und plötzlichen Tod wünschen, dauert der letzte Weg, das Sterben, oft Wochen, Monate oder Jahre. Auf diesem Weg sind Hospize im wahrsten Sinne des Wortes gute Gasthäuser. Sie knüpfen an eine alte Tradition an, als die Hospitäler sich noch als »Hôtel de Dieu«, als Herberge Gottes, verstanden. Sie waren damals Zufluchtsstätten für kranke und sterbende Menschen und boten Schutz und Hilfe auf der letzten »Pilgerreise«.

Dieser traditionellen Kultur des menschenwürdigen Leidens und Sterbens fühlt sich die Hospizbewegung verpflichtet. Ihr vorrangiges Ziel ist es, die Wünsche sterbender Menschen zu erfüllen: an einem vertrauten Ort inmitten vertrauter Menschen zu sterben. Wann immer es eben geht, im eigenen Haus. Andernfalls im Hospiz in »heimischer Atmosphäre«. Sterben ist auch leben, leben bis zuletzt!

Unser Ziel ist es nicht,
dem Leben mehr Tage zu geben,
sondern den Tagen mehr Leben.

Cicely Saunders

Die Hospizbewegung geht zurück auf die englische Sozialarbeiterin, Krankenschwester und Ärztin Cicely Saunders, die in den 1960er-Jahren in einem Londoner Vorort das erste Hospiz unserer Zeit, das St. Christopher-Hospiz, schuf. Sie wollte das Sterben als wichtigen Teil des Lebens ins öffentliche Bewusstsein rufen, um es aus seiner damals häufig anzutreffenden Trostlosigkeit herauszuholen. 1986 entstand in Deutschland das erste stationäre Hospiz. Inzwischen gibt es an die zweihundert ambulante wie stationäre Hospizdienste (Information unter: www.hospiz.net).

Hospize sind Sterbehäuser. Sie wollen den schwerst kranken, sterbenden Menschen die verbleibenden Tage und Wochen so schön und erträglich wie eben möglich gestalten und ihnen ihre letzten Wünsche weitgehend erfüllen. Die eigens hergerichteten Zimmer mit persönlichen Erinnerungsstücken sollen ein Stück »Heimat« vermitteln. Fast noch wichtiger als die äußeren Bedingungen ist die seelische, soziale und spirituelle Begleitung des Sterbenden und seiner Angehörigen. Deshalb arbeiten im Team verschiedene Fachkräfte mit: Ärzte, Pflegekräfte, Sozialarbeiter und Seelsorger. In die Arbeit aller Hospize werden ganz bewusst ehrenamtliche Mitarbeiter/innen integriert. Das alles signalisiert: Sterbebegleitung ist bei aller professionellen Leistung zuallererst menschliche Begegnung im Sinne der Gastfreundschaft.

Wenn es so weit sein wird
mit mir,
brauch ich den Engel
in dir.

Bleibe still neben mir,
in dem Raum
jag den Spuk, der mich schreckt,
aus dem Traum,
sing ein Lied vor dich hin,
das ich mag,
und erzähle was war
manchen Tag.

Zünd ein Licht an,
das Ängste verscheucht,
mach die trocknen Lippen
mir feucht,
wisch mir Tränen und Schweiß
vom Gesicht,
den Geruch des Verfalls
schreck dich nicht.

Halt ihn fest, meinen Leib,
der sich bäumt,
halte fest, was der Geist
sich erträumt,
spür das Klopfen, das schwer
in mir dröhnt,
nimm den Lebenshauch wahr,
der verstöhnt.

Wenn es soweit sein wird
mit mir,
brauche ich den Engel
in dir.

Friedrich Karl Barth / Peter Horst

Die »Stunde der Wahrheit«

Irgendwann schlägt die »Stunde der Wahrheit«, irgendwann will und muss der Sterbenskranke wissen, wie es um ihn steht. Auch die Angehörigen müssen Klarheit und Gewissheit gewinnen, um nicht falschen Hoffnungen zu erliegen. Wahrheit kann Anspannung und Unsicherheit nehmen, allerdings auch das »letzte Fünkchen Hoffnung«. Wie so oft, stellt sich auch hier die Frage des Zeitpunktes.

In vielen Fällen deutet es der Sterbenskranke selbst an, wann er die »volle Wahrheit« erfahren will und sie möglicherweise auch ertragen und verkraften kann. Aus manchen Anfragen und Anspielungen, teils offen und direkt, teils verdeckt oder mutmaßend, ist vernehmbar herauszuhören, dass der Todkranke vielleicht schon mehr weiß, als die Angehörigen zu wissen glauben. Sie selbst sind ja oft genug mit ihren Kräften am Ende. Und sie ahnen oder spüren meist, dass das Leben zu Ende geht.

Recht auf Wahrheit

Grundsätzlich haben der Sterbende und seine Angehörigen das Recht auf Wahrheit, auf wahrheitsgemäße Information. Als Prinzip unstrittig, stellt sich die Frage der Vermittlung. Sie muss nicht immer sofort und umfassend erfolgen. Entscheidend ist das Wohl des Patienten! Zu berücksichtigen sind sein augenblicklicher Zustand, seine Aufnahmefähigkeit, seine Bereitschaft zur Aufklärung. Die Wahrheit muss dem Menschen zumutbar sein. Momentanes Schweigen bedeutet keineswegs dauerhaftes Verschweigen!

Wahrheit annehmen

Es gibt Menschen, die gehen in ganz erstaunlicher Weise mit der Wahrheit um: Sie können rückblickend über ihr Leben sprechen und eine Art Lebensbilanz ziehen. Sie verschweigen ihre Ängste und ihre Zweifel nicht. Sie bringen ihre Sorge um die Angehörigen zum Ausdruck. Sie regeln mit Bedacht die letzten Dinge und geben entsprechende Anordnungen. Hier schließt sich der Lebenskreis eines Menschen, der in Ruhe und Frieden sterben will und es auch kann.

Wahrheit verdrängen

Es gibt aber auch Menschen, die die volle Wahrheit (noch) nicht ertragen und aushalten können. Sie fliehen vor der Realität und versuchen ständig, sich selbst etwas vorzumachen und anderen etwas vorzuspielen. Sie klammern sich voller Hoffnung an den kleinsten Strohhalm und bauen einen Selbstschutz um sich auf.

Man sollte dem anderen die Wahrheit
wie einen Mantel hinhalten,
damit er hineinschlüpfen kann,
und sie ihm nicht wie einen nassen Lappen
um die Ohren schlagen.

Max Frisch

Augenschein

Zur Nacht hat ein Sturm alle Bäume entlaubt
sieh sie an, die knöchernen Besen.
Ein Narr, wer bei diesem Anblick glaubt
es wäre je Sommer gewesen.

Und ein größerer Narr, wer träumt und sinnt
es könnte je wieder Sommer werden.
Und grad diese gläubige Narrheit, Kind,
ist die sicherste Wahrheit auf Erden.

Ernst Ginsberg

Aufrichtende Wahrheit

Die meisten Menschen jedoch schwanken, sind innerlich zerrissen: Zum einen möchten sie wissen, wie es wirklich um sie steht, was eigentlich los ist; zum anderen scheuen sie die letzte Gewissheit und wollen weiterhin an die Wende zum Guten glauben dürfen.

Zwischen den beiden Polen »schonungsloser Aufklärung« und »barmherzigen Verschweigens« gibt es viele Möglichkeiten einer behutsamen Wahrheitsvermittlung, die die individuelle Situation des Sterbenden berücksichtigt. Nur die aufrichtende Wahrheit ist eine aufrichtige Wahrheit!

Der große russische Dichter Leo Tolstoi hat in seinem Roman »Der Tod des Iwan Iljitsch« die Folgen der angeblich »barmherzigen Lüge« so beschrieben: »Die Hauptqual für Iwan Iljitsch war die Lüge, dass man nicht eingestehen wollte, was alle wussten und was auch er wusste, dass man über seine entsetzliche Lage mit Lügen hinwegtäuschen wollte und ihn selbst zwang, diese Lüge mitzumachen. Und so, am Rande des Abgrundes, musste er allein sterben.«

Der Sterbeprozess und seine Phasen

Sterben ist oft ein langer Weg. Auf diesem Weg legen Sterbenskranke verschiedene Wegstrecken zurück. Die erste entscheidende Wegstation ist die »Stunde der Wahrheit«. Der Todkranke erfährt von der Ausweglosigkeit seiner Situation. Die bekannte Schweizer Ärztin und Sterbeforscherin Elisabeth Kübler-Ross (1926–2004) hat aufgrund eingehender Beobachtungen und Gespräche fünf Phasen des Sterbeprozesses beschrieben. Sie können allerdings nicht verallgemeinert werden, da jeder Sterbevorgang sehr individuell verläuft; Abweichungen und Verschiebungen in den einzelnen Phasen sind durchaus möglich. Dennoch ist es für die Angehörigen in der Sterbebegleitung hilfreich, die (möglichen) Stadien des Sterbeprozesses kennenzulernen. Sie können dann die Reaktionen, Stimmungsschwankungen und Ausbrüche des Todkranken besser einordnen und verständnisvoller damit umgehen.

Erste Phase: Verneinung der Todeswahrheit

Die Todesnachricht löst einen großen Schock aus: »Das kann, das darf nicht wahr sein!« Die Wahrheit wird nicht angenommen, die Situation verleugnet, der Tod verneint. Der Verdrängungsmechanismus setzt ein. Das kann so weit gehen, dass der Kranke ungewohnte Aktivitäten entwickelt, z. B. neue Kleidung kauft oder große Reisepläne entwirft.

Die Wahrheit ist hart wie Diamant
und zart wie eine Blüte.

Mahatma Gandhi

Andere wiederum ziehen sich innerlich zurück, stehen dem ganzen Geschehen fassungslos und wie gelähmt gegenüber. Der Todkranke denkt in seiner Abgeschiedenheit den Tod voraus, leugnet aber weiterhin die tödliche Bedrohung. Die Gefühlsschwankungen wechseln stündlich. In diesem Zustand der Verneinung ist die Wahrheit schwer vermittelbar. Die Angehörigen brauchen viel Zeit und Geduld und auch viel Verständnis und große Gesprächsbereitschaft.

Zweite Phase: Auflehnung

Protest, Ärger, Aggression, Hader mit »Gott und der Welt« gipfeln in der ständigen Frage nach dem »Warum«. Warum trifft es ausgerechnet mich? Warum nicht den anderen von nebenan? Emotionen brechen auf, Wut und Zorn entladen sich: gegen sich selbst, gegen seinen kranken Körper, gegen seine Umwelt und auch gegen seine Mitmenschen.

Misstrauen wird spürbar gegenüber Ärzten, Pflegern und Angehörigen, die augenscheinlich mehr wissen als sie sagen und einen hinters Licht führen wollen. Verbale Attacken können verletzen, mitunter sollen sie es sogar. Ein Sündenbock wird gesucht.

Diese »negativen Gefühle« im Stadium der Auflehnung können ablehnend und isolierend wirken. Sie müssen jedoch ihren Ausdruck finden, selbst in Wutausbrüchen. Die Beziehung zur Familie und zum Freundeskreis wird zur »Belastungsprobe«: Sie müssen trotz alledem zum Todkranken stehen, ihn nicht allein lassen, seine Eruptionen, Vorwürfe und Flüche verständnisvoll einordnen und nicht alles allzu persönlich nehmen. Wohl die schwierigste Phase für alle Beteiligten!

Gott,
eine einzige Frage bin ich
Warum?
Warum gerade jetzt?
Warum gerade hier?
Warum gerade das?
Warum gerade ich?

Anton Rotzetter

Dritte Phase: Verhandlung mit dem Schicksal

Der Todkranke kann seine Situation noch nicht annehmen; er hadert nach wie vor mit seinem Schicksal. Er versucht es immer wieder mit neuen Therapien und neuen Medikamenten, um sein Schicksal abzuwenden. Mit dem Ärzte- und Pflegepersonal verhandelt er in der Hoffnung, zumindest eine »Gnadenfrist« zu erreichen. Als letzte Rettung wird auch Gott einbezogen: Vergleichbar dem Verhalten eines Kindes, verspricht er Besserung und »Liebsein« um den Preis einer Lebensverlängerung. Mit dieser Verhandlungsstrategie erhofft der Todkranke, den Wettlauf mit dem Tod zu gewinnen. Hinter der Maske anbiedernder Vertraulichkeit und Leutseligkeit verbirgt sich oft tiefe Not und nackte Angst.

In dieser Zeit sind behutsame Gespräche von großer Bedeutung, damit der Todkranke allmählich aus dem Stadium des »Nicht-Wahr-Haben-Wollens« herausfinden kann. Dabei dürfen nicht alle Hoffnungen zerstört, aber auch keine Illusionen vorgetäuscht werden. Für Angehörige wird es schwierig, sich nicht in das Handeln und Feilschen hineinziehen zu lassen. Es braucht viel Sensibilität, sich von diesen unrealistischen Plänen behutsam abzugrenzen.

Greifen und festhalten kann ich seit der Geburt.
Teilen und schenken musste ich lernen.
Jetzt muss ich lassen üben.

Kyrilla Spieker

Vierte Phase: Depression und Mutlosigkeit

Alle Bemühungen, alles Verhandeln und Feilschen hat nichts gebracht. In diesem Zustand der Aussichtslosigkeit sieht der Todkranke tatsächlich keinen Ausweg mehr. Das Leben scheint verloren, endgültig vorbei zu sein. Eine trostlose Traurigkeit überfällt ihn. Er trauert den Versäumnissen, Verlusten, Unterlassungen nach, dem nicht gelebten Leben.

Viele Todkranke ziehen sich immer mehr zurück, verschließen sich dieser Welt, weisen Besucher ab. Sie wollen nur noch wenige Menschen um sich haben. Sie spüren den Abschiedsschmerz: Abschied nehmen von ihrer Familie, ihren Freunden, von ihrer vertrauten Umgebung, von allem, was für sie wichtig war. Ihre depressive Grundstimmung kann zu Erstarrung und Teilnahmslosigkeit, zu einem emotionalen Rückzug in die eigene Gedankenwelt führen.

Für die Angehörigen kann das abwehrende und abweisende Verhalten des Todkranken beinahe unerträglich werden. Im Strudel überwältigender Ohnmachtsgefühle können sie selbst in einen depressiven Zustand verfallen. Schließlich müssen sie erst einmal selbst die eigenen Verlustängste und Abschiedsschmerzen verarbeiten.

Die Begleitung eines geliebten Menschen im Angesicht des unausweichlichen Todes ist eine kräfteraubende Herausforderung. Selbst wenn ein offenes Gespräch zu diesem Zeitpunkt fast unmöglich erscheint, müssen die Angehörigen gerade in dieser Situation dem Sterbenden nahe bleiben, damit er sich nicht resignierend völlig aufgibt. Oft hilft schon ein stilles Dasein.

Wer dich durch die **Nacht** führt,
dem **dankst** du, wenn es **tagt**.

Sprichwort aus Tansania

Fünfte Phase: Annahme bzw. Bejahung des Todes

Der Sterbende ist nun so weit, dass er den Tod mehr oder weniger akzeptieren kann. Der eine ergibt sich erschöpft in sein Schicksal in einer Art resignativer Zustimmung, der andere wiederum geht nun bewusst den letzten Schritt, ausgesöhnt mit Gott und der Welt. Nicht immer sind beide Reaktionen genauestens zu unterscheiden. Man muss schon auf die Zwischentöne achten.

Die Annahme des Todes kann letztlich zu einer inneren Gelassenheit führen, die ein echtes Loslassen des Lebens erst ermöglicht. Der Todkranke kann nun aus einer großen inneren Ruhe heraus in Frieden sterben. Der Tod wird nicht mehr als Feind gesehen, sondern zum Leben gehörend.

Für die Angehörigen ist es wichtig, diese letzte Stunde mitzuerleben, um selbst zur inneren Ruhe zu gelangen und sich bei aller Trauer doch getröstet zu wissen.

So dich aber nichts mehr
zu trösten vermag
denn Gott, wahrlich,
so tröstet er dich auch.

Dag Hammerskjöld

Hilfe beim Sterben – nicht Hilfe zum Sterben

»Er kommt nicht zum Sterben« oder »Sie tut sich schwer mit dem Sterben«, so sprechen wir von Menschen, die einen langen und beschwerlichen Sterbeprozess erleiden müssen. Medizin-technische Entwicklungen und Fortschritte bei der therapeutischen Behandlung haben dazu geführt, das Leben selbst schwer erkrankter Menschen zu verlängern oder gar zu retten. Wer wollte diesen medizinischen Erfolg nicht gutheißen?!

Der Mensch hat ein verbürgtes Recht auf Leben. Daraus erwächst zweifellos die Verpflichtung, alles Menschenmögliche zu tun, um menschliches Leben zu erhalten und zu schützen – auch und gerade dann, wenn es sich absehbar seinem Ende zuneigt. Dringlicher denn je stellt sich jedoch die Frage, ob und unter welchen Umständen es sinnvoll und verantwortbar ist, den Sterbeprozess eines Menschen – ohne die geringste Aussicht auf eine positive Veränderung – bewusst aufzuhalten oder hinauszuzögern. Hat der Mensch nicht auch das Recht auf ein menschenwürdiges Sterben?

Wenn Heilung nicht mehr möglich ist, muss Linderung ermöglicht werden. Niemand darf aus eigenem Ermessen – schon gar nicht gegen den Willen des Patienten – bewusst in den Sterbeprozess eingreifen, ihn weder beschleunigen noch beenden. Menschliches Leben ist unverfügbar; wir können nicht so ohne weiteres darüber verfügen. In diesem Sinne darf es *keine Hilfe zum Sterben* geben, wohl aber *eine Hilfe beim Sterben!*

Der Begriff »**Sterbehilfe**« weckt Erinnerungen an die Freveltaten der NS-Zeit, an die »Vernichtung lebensunwerten Lebens«. Euthanasie sah die bewusste und aktive Tötung geistig und psychisch Kranker und sozial unproduktiver Menschen vor – und das alles unter dem Deckmantel des »Gnadentodes«.
Euthanasie, aus dem Griechischen, kommt von *eu* = gut und *thanatos* = Tod, wörtlich übersetzt: guter Tod. In der Antike geht es um einen ehrenvollen Tod, um ein tugendhaftes Sterben nach einem tugendhaften Leben. Niemals um das aktive Eingreifen in den Sterbeverlauf.
Euthanasie – ursprünglich ein positiv besetzter Begriff –, wurde zu einem der am stärksten belasteten Worte in der Menschheitsgeschichte. Aus dem »schönen, unbeschwerten Tod« der Griechen ist die grausame Tötung hilfloser Menschen geworden.

»Passive« Sterbehilfe

Der medizinische Fortschritt hält selbst Sterbenskranke über Wochen am Leben. Leben scheint beliebig verlängerbar – aber um welchen Preis? In vielen Fällen stellt sich die Frage, welchen Sinn die mögliche Lebensverlängerung für einen Menschen hat, der ohne jede Aussicht auf Besserung oder gar Heilung an den »medizinischen Apparaten« angeschlossen bleibt.

»Passive« Sterbehilfe meint vor diesem Hintergrund ein menschenwürdiges Sterben(lassen) durch Verzicht oder Abbau lebensverlängernder Therapien – im Einverständnis mit dem Sterbenden oder dessen Angehörigen (Patientenverfügung, S. 269 ff.). Es ist ein großer Unterschied, ob man einvernehmlich auf weitere medizinische Maßnahmen verzichtet und ob ein Mensch sein Sterben selbst zulässt, indem er keine Nahrung mehr zu sich nimmt – oder ob man sich zur Tötung auf Verlangen bereit erklärt. Wo Leben nicht mehr zu retten ist, ist Sterbebeistand zu leisten in Achtung und Ehrfurcht vor dem menschlichen Leben und der personalen Würde des Sterbenden.

»Passive« Sterbehilfe bedeutet keineswegs, sich »passiv« gegenüber dem Sterbenden und seinem Leid zu verhalten. Im Gegenteil: Alle Beteiligten, vom Arzt über das Pflegepersonal bis hin zu den Angehörigen, können durch schmerzlindernde Therapie, durch sorgfältige Grundpflege sowie vor allem durch menschliche Anteilnahme und Zuwendung dem Sterbenden aktiv in seiner letzten Lebensphase beistehen.

»Aktive« Sterbehilfe

Ich halte das nicht mehr aus.
Ich will nicht mehr weiterleben;
ich will nur noch sterben.
Machen Sie doch endlich Schluss
mit meinem Leben.

Ein solcher »Notruf«, ein solcher verzweifelter »Hilfeschrei« eines leidgeplagten, vom qualvollen Sterben gezeichneten Menschen stößt auf großes menschliches Verständnis. Es gibt Situationen im Sterbeprozess, wo alle Lebenskräfte und jeglicher Lebenswille zu verlöschen drohen. Wo ein Mensch »einfach nicht mehr kann«. Wo ihm allein der Tod als letzter Ausweg und zugleich als rettende Erlösung erscheint. Und der Patient seinen Arzt geradezu anfleht, ihm dabei zu helfen. Der aber ablehnen muss, weil er es nicht darf und sonst Schuld auf sich laden würde.

So sehr wir menschlich diesen Wunsch verstehen können und ihm mitunter vielleicht sogar entsprechen wollen, so unbestritten sind die ethischen und rechtlichen Fragen, die die »Tötung auf Verlangen« aufwirft. Spektakuläre Fälle, wo Ärzte oder sog. Sterbekliniken bereitwillig »assistierten Suizid« leisten, haben gerade in jüngster Zeit die Diskussion um die aktive Sterbehilfe neu entfacht. Von ihren Befürwortern wird sie mit dem »Recht auf den eigenen Tod« begründet, demzufolge der Mensch den Zeitpunkt seines Todes selbst zu bestimmen habe.

»Viele Menschen fürchten auch zu Recht, dass die elementare Einsicht, dass Sterben seine Zeit hat, vernachlässigt wird. Aber die Aussage, dass Sterben seine Zeit hat, bedeutet nicht, dass Töten seine Zeit hat. Wer Hilfe beim Suizid zur Norm machen will, setzt das Vertrauen in den ärztlichen Beruf aufs Spiel«, warnt der evangelische Bischof von Berlin, Wolfgang Huber.

Die »aktive« Sterbehilfe als Tötungsdelikt ist in Deutschland rechtswidrig und damit strafbar. Selbst dann, wenn sie auf ausdrückliches Verlangen des Todkranken erfolgt. Allerdings wird in extremen Ausnahmesituationen teils rechtfertigender, teils entschuldigender Notstand in Betracht gezogen, mit strafmildernder Wirkung. Im Prinzip jedoch hat niemand »ein Recht *über* das Leben« – schon gar nicht ein Verfügungsrecht über das Leben anderer.

Die Erfahrung – vor allem in der Hospizbewegung – zeigt, dass der Notruf eines todkranken Menschen weniger der tödlichen Injektion gilt. Die wenigsten Patienten wünschen, getötet zu werden. Es ist vielmehr ein Aufruf nach Schmerz- und Leidlinderung und nach vermehrter menschlicher Zuwendung und Fürsorge. Der Mensch will leben, auch wenn er sein Schicksal beklagt. Und der Sterbende lebt, solange er sterben darf – und nicht frühzeitig sein Leben aufgeben muss. Sterbebegleitung ist Lebensbegleitung bis zur letzten Stunde!

Oft sind es die Angehörigen, die leiden, weil sie das Leiden des Todkranken nicht weiter mit ansehen können. Aber wem gilt dieses »Mitleid« eigentlich? Dem Kranken kann durch Medikamente und Infusionen das Leid genommen oder zumindest gelindert werden. Den Angehörigen kann niemand das Mitleiden bei der Sterbebegleitung ersparen. Es ist ihr letzter »Liebesdienst« für den geliebten Menschen. Und er »dient« auch ihnen, denn er kann sie selbst zu einer bisher nicht gekannten Tiefe menschlicher Existenz führen. Sterbebegleitung wird dann für sie zu einer der ergreifendsten Lebensphasen werden!

Ethische Überlegungen aus christlicher Sicht

Für Christen ist menschliches Leben gleichsam *Gabe* und *Aufgabe*: Gabe, die uns als Geschenk Gottes gegeben und verantwortlich zugewiesen ist; Aufgabe, die uns auffordert, alles Menschenmögliche zu tun, dieses Leben – das eigene und das der anderen – zu schützen und zu fördern. Der Mensch kann folglich nicht über sein Leben frei verfügen, selbst dann nicht, wenn er unheilbar erkrankt und vom Tod gezeichnet ist. Der Mensch ist zu keiner Zeit Herr über Leben und Tod. Er ist Geschöpf seines Schöpfergottes: Gott ist der Schöpfer allen Lebens.

Nach christlicher Auffassung ist der Mensch Abbild seines Schöpfergottes (Genesis 1,27). Selbst in seiner menschlichen Gebrechlichkeit und Hilflosigkeit, in Schmerz und Leid ist und bleibt er das »göttliche Antlitz«! Das macht seine personale Würde aus, bis zu seiner Sterbestunde. Diesem Gott seines Lebens ist der Mensch in all seinem Tun, aber auch in all seinem Unterlassen verantwortlich. Das gilt auch und insbesondere bei allen aktuellen Fragen »auf Leben und Tod«.

Aus Gottes Hand empfing ich mein Leben,
unter Gottes Hand *gestalte ich mein Leben,*
in Gottes Hand gebe ich mein Leben *zurück.*

Augustinus

»Aktive Sterbehilfe« und »passive Sterbehilfe« müssen deutlich voneinander unterschieden werden. »Aktive« Sterbehilfe meint die gezielte Tötung eines Menschen (z. B. Tablette, Spritze, Infusion). Sie ist in Deutschland gesetzlich verboten und wird strafrechtlich verfolgt, und zwar auch dann, wenn sie mit ausdrücklicher Zustimmung des Patienten oder der Patientin erfolgt. »Aktive Sterbehilfe« ist mit dem christlichen Verständnis nicht vereinbar. Demgegenüber zielt »passive Sterbehilfe« auf ein menschenwürdiges Sterbenlassen ab, durch den Verzicht auf eine lebensverlängernde Behandlung bei einem unheilbar kranken Menschen, der sich im Sterben befindet. »Passive Sterbehilfe« setzt das Einverständnis des sterbenden Menschen voraus und ist rechtlich und ethisch zulässig.

Noch immer spricht Hoffnung aus dem Satz,
dass Gott kein Macher,
sondern ein Schöpfer ist.

Kurt Marti

Sterbebeistand in der katholischen Kirche

Ist einer von euch krank? Dann rufe er die Ältesten der Gemeinde zu sich; sie sollen Gebete über ihn sprechen und ihn im Namen des Herrn mit Öl salben. Das gläubige Gebet wird den Kranken retten, und der Herr wird ihn aufrichten; wenn er Sünden begangen hat, werden sie ihm vergeben.

Jakobus 5,14-15

Das Sakrament der Krankensalbung

Bereits in den urchristlichen Gemeinden hat sich die Praxis der Krankensalbung entwickelt. Heute gibt es eine Rückbesinnung auf die ursprüngliche Intention: *die Krankensalbung ist ein Sakrament des Lebens*. Und nicht ein Sakrament des Todes, wie sie noch bis in unsere Zeit irrtümlicherweise als »Letzte Ölung« bezeichnet wurde. Erst im letzten Moment wurde der Priester ans Sterbebett gerufen, um den Sterbenskranken nicht »zu Tode zu erschrecken«. Krankensalbung als Todesankündigung oder gar als Todesdrohung – was für ein Missverständnis!

Die Krankensalbung als Sakrament des Lebens setzt Zeichen der Hoffnung in zweifacher Hinsicht: Hoffnung auf *erneuertes* Leben nach Gesundung und Genesung – Hoffnung auf ein *neues* Leben im Geheimnis des Todes. Sie will in symbolhaften Zeichen und Gesten gleichsam Stärkung und Aufrichtung in schwerer Krankheit sinnenfällig zum Ausdruck bringen. Gott ist der verlässliche Wegbegleiter des Menschen, auch und gerade in den schwersten Stunden seines Lebens. Gott lässt niemanden allein zurück – schon gar nicht in Krankheit, Leid und Not. Wir können Gott aufgeben, aber Gott gibt uns nicht auf.

Die *Handauflegung* – sie wurde von Jesus bei seiner Begegnung mit Kranken wiederholt ausgeübt – ist eindrucksvolles Zeichen der Anteilnahme, des Trostes und der Ermutigung. Die *Salbung mit Öl*, das in der Antike als weitverbreitetes Heil- und Pflegemittel diente, deutet symbolhaft auf Rettung und Heilung durch Gottes Güte hin.

Das Sakrament der Krankensalbung soll demzufolge nicht erst bei akuter Lebensgefahr anlässlich eines »Versehgangs« gespendet werden, sondern womöglich schon vor einer schwierigen Operation oder bei ersten Anzeichen einer schweren Erkrankung. Es kann auch mehrfach gespendet werden. In vielen Gemeinden werden alte und kranke Menschen zum Empfang der Krankensalbung in einer gemeinsamen Feier eingeladen (s. S. 226).

Ich weiß nicht,
ob der Himmel niederkniet,
wenn man zu schwach ist,
um hinaufzukommen.

Christine Lavant

Die Wegzehrung

Wer mein Fleisch isst und mein Blut trinkt, hat das ewige Leben, und ich werde ihn auferwecken am Letzten Tage.

Johannes 6,54

Das eigentliche Sakrament im Angesicht des Todes – das »Sterbesakrament« – ist die Feier und der Empfang der heiligen Kommunion. Sie wird auch »Wegzehrung« genannt, weil sie Nahrung und Stärkung auf dem Weg von diesem Leben ins ewige Leben sein soll. Ihre Spendung erfolgt – im Gegensatz zur Krankensalbung – in unmittelbarer Todesgefahr, und zwar, wenn eben möglich, im Rahmen einer Eucharistiefeier.

Beim Empfang der Wegzehrung erneuert der Kranke noch einmal das Bekenntnis des Glaubens, das schon bei seiner Taufe gesprochen wurde und das er selbst bei der Erstkommunion und Firmung erneuert hat.

Gott hilft uns nicht immer
am Leiden vorbei,
aber er hilft uns hindurch.

Johann Albrecht Bengel

Sterbebeistand in der evangelischen Kirche

Wenn ich einmal soll scheiden,
so scheide nicht von mir,
wenn ich den Tod soll leiden,
so tritt du dann herfür.
Wenn mir am allerbängsten
wird um das Herze sein,
so reiß mich aus den Ängsten
Kraft deiner Angst und Pein.

Paul Gerhardt

Dem Kranken kann als letzte Wegzehrung und Stärkung das Abendmahl gespendet werden. Selbst wenn der Sterbende nicht mehr mitbeten kann, so wird er doch meist noch zuhören können. Pfarrer bzw. Pfarrerin und die Angehörigen werden mit ihm bzw. für ihn beten: Psalmen, Bibelverse, das Vaterunser.

Neben diesen Gebeten und Texten sind es aber vor allem Gesten und Zeichen, die dem Sterbenden eine fühlbare Hilfe am Krankenbett sind. Er wird dankbar sein, wenn seine Hand gehalten wird und er dadurch zugleich etwas von der gütigen und bergenden Hand Gottes erfährt.

Der Pfarrer oder die Pfarrerin kann auch den Segen durch Handauflegung geben. Ein solcher Segen wird auch »Valetsegen« (Abschiedssegen) genannt. Man kann ihn auch spenden und sprechen, wenn der Tod bereits eingetreten ist (s. S. 229).

Es segne dich Gott, der Vater,

der dich nach seinem Ebenbild geschaffen hat.

Es segne dich Gott, der Sohn,

der dich durch sein Leiden und Sterben erlöst hat.

Es segne dich Gott, der Heilige Geist,

der dich zu seinem Tempel bereitet und geheiligt hat.

Der treue und barmherzige Gott

wolle dich durch seine Engel geleiten in das Reich,

in dem seine Auserwählten ihn ewiglich preisen.

Unser Herr Jesus Christus sei in dir,

dass er dich erquicke.

Der dreieinige Gott (hier können Sie über dem Sterbenden

mit der Hand das Zeichen des Kreuzes machen)

sei dir gnädig im Gericht

und segne dich zum ewigen Leben.

Amen.

Sterbebeistand im Judentum

Das traditionelle Gebet »Sch'ma Israel«, die Bekundung des Glaubens an den unsichtbaren Gott Jahwe, gehört zum Sterberitual eines jeden Juden. Oft sind diese Worte des Gebets auch seine letzten Worte, die er selbst noch spricht oder als Letztes noch wahrnimmt. Sterbende und Tote werden grundsätzlich nicht allein gelassen. Die Angehörigen bleiben betend bei ihnen und nehmen Abschied. Dabei sprechen sie die Worte: »Gepriesen sei, der richtet in Wahrheit.« Jeder spricht sie, wenn er vom Tod eines Menschen hört.

Im Augenblick des Todes entzündet ein Familienangehöriger eine Kerze. Der Tote wird auf den Boden gelegt, mit den Füßen in Richtung der Tür, durch die er herausgetragen wird. Die Kerze wird neben den Kopf des Toten gestellt, als Symbol, dass die Seele zu Gott zurückkehrt, während der Leib nach Gottes Willen wieder zur Erde wird. Der Sohn oder der nächste Familienangehörige schließt die Augen und den Mund des Toten. Arme und Beine werden gestreckt und mit einem weißen Tuch bedeckt.

Vor der Beerdigung wird die Tahara durchgeführt, die rituelle Reinigung des Verstorbenen. Die Tahara kennzeichnet die Würde des Lebens, das im Körper des Verstorbenen nachhallt und auf ewig seine Spuren darin hinterlässt. Danach wird die Totenkleidung angelegt: ein langes weißes Gewand, das viele Juden schon zu Lebzeiten besitzen, und eine weiße Kopfbedeckung. Der Mann bekommt seinen Tallit, den Gebetsmantel, mit ins Grab. Jeder und jede erhält ansonsten das gleiche Gewand und einen einfachen Sarg, der von der Gemeinde geliefert wird. Die Bestattung hat einen eher zurückhaltenden Charakter, jeglicher Prunk und Pomp sind untersagt.

Der Verstorbene wird noch am gleichen Tag beerdigt. Dabei ist es besonders wichtig, dass ein verstorbener Jude nur von Juden beerdigt wird.

Der jüdische Begräbnisort gilt als Ruheplatz des Verstorbenen in der »Weltzeit«, d.h. bis zum Kommen des Messias. Deshalb darf ein jüdischer Friedhof nicht verlegt, veräußert oder bebaut werden. Er deutet auf die kommende Welt und auf die Auferstehung der Toten hin.

Die Begräbnisfeier folgt einem festgelegten Ritual:

- Die Chesped (die Lobrede): Sie wird vom Rabbiner oder einer anderen Person gehalten, wenn sich der Verstorbene dies nicht verbeten hat. Er spricht über die guten Dinge im Leben des Verstorbenen und hält die Trauerende an, aus seinem Leben zu lernen und ihm nachzueifern.
- Das Ziddak ha-din (Gebet der Anerkennung der göttlichen Gerechtigkeit): Sein Kerngedanke ist, dass Leben und Tod in Gottes Hand liegen, dessen Entscheidung immer richtig ist: »Gott hat gegeben und Gott hat genommen; der Name Gottes sei gelobt.« (Hiob 1,12) Es folgt noch ein Gebet um Ruhe und Frieden für die Seele des Verstorbenen.
- Die Keria (Zerreißen der Kleidung): Die dem Verstorbenen am nächsten stehenden Angehörigen, wie Kinder, Geschwister, Ehepartner und Eltern, reißen vom Hals aus ihre Kleider ein Stück ein, falls dies nicht schon gleich nach Eintritt des Todes geschehen ist. Die Regeln hierfür sind: für die Eltern wird ein Stück auf der linken Seite, für andere nahe Angehörige auf der rechten Seite vom Hals an eingerissen und darf sieben Tage, bzw. für die Eltern dreißig Tage, nicht vernäht werden. Auf diese Weise soll der Schmerz nach außen sichtbar gemacht werden – als ein Zeichen für das zerrissene Herz.
- Die Lewaja (die Begleitung des Toten): Der Tote wird nun zu seinem Grab getragen, die Trauernden folgen, wobei Psalm 91 gebetet wird.
- Kewura (das Begräbnis): Der Sarg wird in das Grab hinabgelassen. Alle Anwesenden werfen drei Hände Erde auf den Sarg, wobei sie jedes Mal sagen: »Vom Staub bist du und zum Staub wirst du zurückkehren.« (Genesis 3,19). Wenn der Sarg mit Erde bedeckt ist, sprechen die Anwesenden das Kaddischgebet.
- Abschluss: Die Trauergemeinschaft stellt sich in zwei Reihen auf, die Angehörigen ziehen ihre Schuhe aus und schreiten durch die entstandene Gasse. Dabei hören sie die traditionellen Worte des Trostes: »Möge Gott dich mit allen Trauernden Zions und Jerusalems trösten.«

Bevor man den Friedhof verlässt, wäscht man sich die Hände. Die Vorstellung, dass die Berührung mit dem Toten unrein macht, führt dazu, dass man sich nach jedem Friedhofsbesuch die Hände wäscht.

Höre, Israel,

der Ewige, unser Gott, der Ewige ist einzig!

Gelobt sei der Name der Herrlichkeit

seines Reiches immer und ewig!

Sch'ma Israel

Sterbebeistand im Islam

Du lässt die Nacht übergehen in den Tag und lässt den Tag übergehen in die Nacht; du lässt das Lebendige hervorgehen aus dem Toten und lässt das Tote hervorgehen aus dem Lebendigen, und du gibst, wenn du willst, ohne zu rechnen.

Sure 3,28

Geburt und Leben, Sterben und Tod werden von den Muslimen als natürlicher Lebenslauf des Menschen erlebt. Mit der Geburt beginnt die Prüfung im diesseitigen Leben, während der Tod den Einstieg in das jenseitige Leben bedeutet. Der Tod ist kein Ende, sondern Heimkehr, sozusagen Rückkehr ins Heim, ins Zuhause.

»Wir gehören Gott und zu Ihm kehren wir zurück«, diesen Satz sprechen die Muslime, wenn sie vom Tod eines Menschen hören.

Und Gott ist es, der die Stunde des Todes bestimmt. Der Mensch verfügt über eine von Gott »gestundete«, begrenzte Zeit, die es zu nutzen gilt und über die er Rechenschaft abzulegen hat. Das irdische Leben als eine Art »Prüfungszeit«, als ständige Vorbereitung auf das ewige Leben.

Weil die Stunde des Todes so bedeutsam ist, verlangt die islamische Tradition, dass Muslime den Sterbenden in seiner letzten Lebensphase intensiv betreuen. Der Besuch des Kranken versteht sich als »religiöse Pflicht«. Nicht nur die nahen Angehörigen, sondern auch Freunde, Kollegen und Bekannte werden so oft wie eben möglich den Kranken besuchen und ihn unterstützen.

Die letzten Tage und Stunden vor dem Tod werden mit Gebeten und Lesungen aus dem Koran verbracht. Dabei wird der Sterbende mit Blickrichtung Mekka gelegt. Mit ihm wird das Glaubensbekenntnis immer wieder gesprochen:

»Es gibt keinen Gott außer Allah, und Muhammad ist sein Prophet.«

Am Sterbebett zeigt man keine Trauer, da der Tod für gläubige Muslime das ersehnte Zusammentreffen mit ihrem Schöpfer bedeutet. Umso eindringlicher und lautstärker erklingt die Totenklage nach Eintritt des Todes.

Dann wird der Verstorbene entkleidet und mit einem Tuch bedeckt. Die Augen werden geschlossen, das Kinn wird hochgebunden, sodass der Kiefer geschlossen ist, die Gliedmaßen werden gestreckt und die Hände an den Körper gelegt. Der Leichnam wird mit dem Gesicht in Richtung Mekka aufgebahrt. Es werden Bittgebete gesprochen und aus dem Koran vorgelesen.

Vor dem Begräbnis wird die rituelle Ganzwaschung von einem Muslim des gleichen Geschlechts nach vorgeschriebenen Regeln vorgenommen. Danach wird der Leichnam in ein Totentuch gewickelt und möglichst noch am selben oder am nächsten Tag zu Grabe getragen. Denn, so der Glaube, die Seele findet erst zur Ruhe, wenn auch der Körper zur Ruhe gebettet ist.

Die Betreuung der trauernden Angehörigen gehört zur islamischen Tradition. Das Haus des Verstorbenen steht offen für Verwandte, Freunde und Nachbarn, in manchen Gegenden bis zu vierzig Tage. Unvorstellbar, dass Trauernde mit ihrem Leid und ihren Schmerzen allein gelassen werden. Gerade in der Fremde, ohne die traditionellen Bräuche und Gewohnheiten, brauchen Muslime die Solidarität und den Zusammenhalt in diesen schweren Stunden.

Nachbarn im Glauben

Alle gläubigen Menschen, ob Christen, Juden oder Muslime, vertrauen in ihrem Leben und in ihrem Sterben auf ein zukünftiges Leben bei Gott. So verschieden ihre Traditionen und Mentalitäten bei der Sterbebegleitung auch sein mögen, es eint sie die Hoffnung, dass der Tod nichts End- oder Letztgültiges ist, sondern Übergang zu »neuem Leben« bedeutet. Und dass es gleichsam notwendig und hilfreich ist, Menschen auf diesem Weg zu begleiten und ihnen beizustehen.

Jenseits

Wir werden nichts erfahren,
was wir nicht hier schon ahnen,
nur nicht zu glauben wagen.
Wir werden leise seufzen
und sagen: Also doch ...

Der große Engel, welcher
von meinem Bette aufflog,
als ich drei Jahre alt war,
wird mir entgegenlächeln:
Lang hast du mich vergessen!
Und ich, ich werde schluchzen:
Es gibt dich
also doch!

Erika Mitterer

3. Kapitel

Wenn der Tod eingetreten ist

Der unmittelbare Eintritt des Todes oder auch die plötzliche Todesnachricht sind für die Angehörigen meist ein unermesslich schwerer Moment. Selbst dann, wenn mit dem Tod zu rechnen war. Sie sind zunächst hilflos, ratlos, oft völlig verzweifelt, mitunter voller Zorn. Schock und Trauer müssen bewältigt werden.

Abschied nehmen

Wenn jemand zu Hause stirbt, sollten sich die Angehörigen Zeit nehmen und sich in Ruhe von dem Verstorbenen verabschieden. In jedem Fall können sie bis zum folgenden Tag warten, bis der Verstorbene aus dem Haus gebracht wird. Das deutsche Gesetz erlaubt eine 36-stündige Aufbahrung im Haus.

Dem Toten gebührt Sorge und Ehrfurcht. Das kann sich in verschiedenen Gesten und Formen ausdrücken:

Den Toten ein letztes Mal küssen und streicheln

Die Augen und den Mund schließen (evtl. mit einem Tuch, das um den Kopf gebunden wird, bevor die Leichenstarre eintritt)

Ist der Mensch tot, sinkt die Körpertemperatur ab. Das Blut gerinnt und die Muskeln werden steif, die sogenannte Totenstarre setzt ein: Nach 24 Stunden im Kopfbereich und nach 68 Stunden im ganzen Körper. Bereits 24 Stunden später beginnen sich die Muskeln wieder zu lösen.

Während das Schließen der Augen für uns heute einen Akt der Pietät bedeutet, um dem Verstorbenen das Aussehen eines friedlich Schlafenden zu geben, tat man dies in früheren Zeiten aus Angst vor dem »bösen Blick«. Behielt der Tote seine Augen offen, so fürchtete man, würde er dadurch einen Lebenden nachziehen. Beim Schließen des Mundes gab es ähnliche Motive. Man hatte Sorge, dass die Seele durch den offenen Mund, dem sie entwichen war, zurückkehren und den Toten wieder lebendig machen könnte, um dann auch andere mit in den Tod zu nehmen.

Wenn wir dem Toten die Augen und den Mund schließen, geben wir ihm ein »schönes Aussehen«. Wir können ihn gut ansehen und behalten sein »gutes Ansehen« in Erinnerung.

Wenn dir jemand erzählt,
dass die Seele mit dem Körper
zusammen vergeht
und dass das, was einmal tot ist,
niemals wiederkommt,
so sage ihm: Die Blume geht zugrunde,
aber der Same bleibt zurück
und liegt vor uns, geheimnisvoll,
wie die Ewigkeit des Lebens.

Khalil Gibran

Den Leichnam waschen und bekleiden

Auch das Waschen geschieht heute eher aus hygienischen Gründen. Früher wollte man die Verstorbenen für ein sauberes Erscheinen im Jenseits rüsten und sie gleichzeitig von all den »schmutzigen Kräften« befreien, die ihnen ihre Grabesruhe nehmen könnten. Die Angehörigen, meist aber die »Totenfrau« (auch Leichenfrau, Seelenweib, Beterin genannt), zogen ihnen jeweils ein festliches Kleid und auch Schuhe an.

Heute wird der/dem Verstorbenen meist ein weißes Kleid oder dessen Lieblingsanzug angezogen. Guter Brauch ist es, ein Kreuz oder den Rosenkranz in die gefalteten Hände zu legen.

Den Raum gestalten

Die Angehörigen werden dem Raum einen würdigen Rahmen für ihren Abschied geben wollen. Blumen, eine brennende Kerze (evtl. die Taufkerze), ein Kreuz, ein Gefäß mit Weihwasser sowie evtl. etwas Salz (als Sinnbild der Unverweslichkeit) sollen an die Taufe und das »neue« Leben – damals und heute – erinnern.

Je nach Tradition werden bis heute im Haus bzw. Zimmer des Verstorbenen bestimmte Vorkehrungen getroffen. So werden z. B. Fenster und Türen geöffnet, um der Seele das Verlassen des Raumes zu ermöglichen. Die Uhr wird angehalten zum Zeichen dafür, dass die Lebenszeit abgelaufen ist. Außerdem kann man so die genaue Todesstunde festhalten. Die Spiegel werden verhangen. Sie galten früher als Symbol der Eitelkeit und als Werkzeug des Teufels. Oder gar als Sitz des toten Geistes, der auch noch die Lebenden bedrohen konnte.

Gemeinsam beten

Schmerz und Trauer, aber auch Dankbarkeit für das vergangene Leben und Erleichterung über die Erlösung von schwerem Leid, lassen sich im Gebet zum Ausdruck bringen. Im Gebet können wir unsere bleibende Verbindung mit dem Verstorbenen zeigen. Das gemeinsame Gebet der Hinterbliebenen verbindet auch untereinander, gibt ihnen Kraft und Trost.

Auch wenn Sie selbst schon lange nicht mehr gebetet haben, sprechen Sie einfach aus, was Sie an Schmerz, Trauer und Wehmut empfinden. Aber auch, was Sie sich für »die Zeit danach« erhoffen und wünschen. Beten Sie für den Verstorbenen und sagen Sie noch einmal all das, was Sie ihm noch sagen wollen. Beten ist sprechende Liebe, sprechende Hoffnung und sprechender Glaube. Wenn Sie selbst keine Worte finden, können Ihnen vielleicht die Gebetstexte (s. S. 231) helfen.

Der Tod ist nichts, ich bin ich, ihr seid ihr.
Das, was ich für euch war, bin ich immer noch.
Gebt mir den Namen, den ihr mir immer gegeben habt,
sprecht mit mir, wie ihr es immer getan habt.
Gebraucht nicht eine andere Redensweise,
seid nicht feierlich oder traurig.
Lacht über das, worüber wir gemeinsam gelacht haben.
Betet, lacht, denkt an mich,
betet für mich,
damit mein Name im Hause ausgesprochen wird,
so wie es immer war,
ohne irgendeine besondere Bedeutung,
ohne Spur eines Schattens.
Das Leben bedeutet das, was es immer war,
der Faden ist nicht durchgeschnitten.
Warum soll ich nicht mehr in euren Gedanken sein,
nur weil ich nicht mehr in eurem Blickfeld bin?
Ich bin nicht weit weg,
nur auf der anderen Seite des Weges.

Henry Scott Holland

Kontakte aufnehmen

Auch wenn die Angehörigen nach dem Tod eines geliebten Menschen erst einmal in aller Ruhe trauern möchten, haben sie nun vieles zu erledigen. So mancher Familie hilft gerade eine solche Betriebsamkeit über den »ersten Schock« hinweg und lässt sie zumindest in dieser Phase einigermaßen mit der Trauer zurechtkommen.

Den Hausarzt rufen

Der Hausarzt muss den Totenschein ausstellen. Dadurch wird eine natürliche Todesursache bezeugt. Ist der Hausarzt nicht erreichbar, kann auch ein anderer Arzt bzw. der Notarzt gerufen werden. Dieser wird dann aufgrund eigener Diagnose den Totenschein ausstellen. Der wiederum dient zur Vorlage beim Standesamt der Gemeinde, um dort eine Sterbeurkunde zu erhalten.

Ist die natürliche Todesursache nicht einwandfrei festzustellen, schaltet sich automatisch die Staatsanwaltschaft ein. Sie veranlasst eine gerichtliche Obduktion, um eine mögliche Fremdeinwirkung auszuschließen. Ein solcher Verdacht ist für die Angehörigen meist eine sehr belastende Situation.

Ein Bestattungsunternehmen beauftragen

Ein Bestattungsunternehmen leistet gute, angemessene und einfühlsame Hilfe. Der Bestatter kann von den Angehörigen in jedem Fall frei gewählt werden, selbst wenn der Tod im Pflegeheim oder Krankenhaus eingetreten ist. Die meisten Bestattungsunternehmen sind Tag und Nacht erreichbar.

Der Bestatter wird sich auf Wunsch der Angehörigen um alles kümmern: Angefangen von der Beantragung der Sterbeurkunde über Auswahl des Sarges und der Bestattungsform bis hin zur Gestaltung und Planung der Beerdigung.

Wichtige Dokumente heraussuchen

Für alle weiteren Maßnahmen werden stets folgende Dokumente benötigt:

- Personalausweis des Verstorbenen
- Todesbescheinigung des Arztes
- (bei Ledigen) Geburtsurkunde
- (bei Verheirateten) Heiratsurkunde
- (bei Geschiedenen) rechtskräftiges Scheidungsurteil und Heiratsurkunde
- (bei Verwitweten) Heiratsurkunde und Sterbeurkunde des Ehepartners

Auch sollten die Angehörigen nach einer (möglichen) letztwilligen Verfügung des Verstorbenen über die Art und Gestaltung seiner Bestattung suchen. Manchmal ist sie im Testament enthalten. Alle Wünsche, die ein Verstorbener festgelegt hat, sind verbindlich, solange sie nicht gegen Rechtsvorschriften verstoßen.

Kontakt mit dem Seelsorger/der Seelsorgerin aufnehmen

Diesen Kontakt nehmen die Angehörigen am besten persönlich auf. Wenn der Seelsorger oder die Seelsorgerin nicht schon zur Begleitung in der Sterbestunde gerufen wurde, so sollte dies möglichst bald nach dem Eintritt des Todes geschehen. In der Regel wendet man sich an das Pfarramt der Kirchengemeinde, zu der die/der Verstorbene gehörte. Mit dem Seelsorger oder der Seelsorgerin kann dann über die Gestaltung der Beerdigung und des entsprechenden Gottesdienstes gesprochen werde. Die seelsorgliche Begleitung ist in diesen schweren Stunden oft hilfreich bei der Bewältigung der Trauer.

Gehörte die/der Verstorbene keiner christlichen Kirche an, kann der Bestatter entsprechende Adressen anderer religiöser Gemeinschaften bzw. von Trauergestaltern vermitteln.

Und wenn schon lange kein Kontakt zur Kirche mehr besteht?

Brief eines Pfarrers an einen hinterbliebenen Ehemann:

Ich weiß, dass Sie und Ihre verstorbene Frau keine regelmäßigen Kontakte mit unserer Kirche gepflegt haben. Sicher hatten Sie dafür Ihre Gründe. Vielleicht waren es auch alltägliche Dinge des Lebens, die Sie ganz in Beschlag genommen hatten …

Nun aber hat Sie der Tod erschüttert und zugleich nachdenklich gemacht. Viele Fragen drängen sich auf: Warum musste sie sterben? Warum soll und darf ich weiterleben? Was hat das Leben denn überhaupt für einen Sinn?

Auch ich als Pfarrer kann Ihnen darauf keine einfache Antwort geben. Vielleicht aber können Sie ein wenig Hoffnung und Trost finden in unserer Kirche. Ich möchte Sie einladen, gerade in diesen schweren Tagen die Botschaft der Hoffnung und des Trostes im Gottesdienst und im Gebet wahrzunehmen.

Auch wenn Sie bisher keinen oder wenig Kontakt zu unserer Gemeinde hatten, als Seelsorger werde ich gern mit Ihnen den Weg der Trauer und des Abschieds gehen. Wir können gemeinsam überlegen, wie wir den Gottesdienst zur Bestattung gestalten. Vielleicht hilft auch Ihnen die Botschaft des Evangeliums, Ihre drängenden Fragen besser auszuhalten, um nicht in Trostlosigkeit zu versinken.

Gott sagt: »Es wird ein Leben geben nach dem Tod. Die Verstorbenen werden es gut haben!«

Auf sein Wort dürfen wir uns verlassen …

Ihr Pfarrer D.

Bestattungsart wählen

Gesetzliche Bestimmungen

Je nach Bundesland muss die Beerdigung innerhalb von vier bis vierzehn Tagen erfolgen. Der Bestatter vor Ort hat hierzu die genauen Informationen. In Deutschland gilt die Beisetzungspflicht. Erdbestattungen auf privatem Gelände oder die Aufbewahrung der Urne zu Hause sind nicht erlaubt. Inzwischen ermöglichen einige Bundesländer auch andere Bestattungsformen, z. B. die Beerdigung von Muslimen ohne Sarg, das Verstreuen der Totenasche auf anonymen Feldern innerhalb und außerhalb von Friedhöfen oder auch die Beisetzung in »Friedwäldern«.

Die Kosten für die Beerdigung müssen nach dem Bürgerlichen Gesetzbuch (§ 1968) die Erben übernehmen. Streitigkeiten in der Familie oder ein abgebrochener Kontakt entbinden nicht von der Zahlungsverpflichtung. Wenn alle Zahlungspflichtigen mittellos oder keine Erben da sind, übernimmt auf Antrag das örtliche Sozialamt die Kosten. Krankenkassen zahlen kein Sterbegeld mehr.

Durch eine letztwillige Verfügung zu Lebzeiten können Art und Ort der eigenen Bestattung festgelegt werden. Liegt diese nicht vor, entscheiden die Angehörigen.

Arten und Orte der Bestattung

Der gesellschaftliche Wandel hat auch die Einstellungen in der Bestattungskultur verändert. Durch die zunehmende Auflösung traditioneller Bindungen in Ehe, Familie und kirchlichen Gemeinschaften wird immer häufiger auf einen bestimmten Ort der Erinnerung verzichtet. Zudem leben immer mehr Angehörige an fernen Orten. Wer wird dann die Pflege der Grabstätte übernehmen? So nehmen anonyme (namenlose) Bestattungen zu – bundesweit wird bereits jede zehnte Beerdigung anonym vorgenommen.

Ist diese Entwicklung nicht auch Ausdruck einer zunehmend anonymen Lebensart? Trauerfeier und Grabpflege sind doch nicht in erster Linie für die Toten gedacht, sondern vielmehr für die Angehörigen. Sie wollen von einem geliebten Menschen Abschied nehmen können. Und das geht nicht allein an einem Tag, dem Tag der Beerdigung. Dazu braucht es meist Wochen, ja Monate. Und es braucht einen Ort, den die Trauernden aufsuchen können.

Neben der Erdbestattung nehmen die Feuerbestattungen mehr und mehr zu.

Die Erdbestattung

Die Trauernden begleiten den Sarg mit dem Verstorbenen nach der Trauerfeier zum Grab. Dort wird der Sarg in die Erde abgesenkt.

Mögliche Grabstätten sind:

Reihengräber als Einzelgräber auf einem Reihenfeld, die von der Friedhofsverwaltung für eine Ruhefrist von 20 bis 30 Jahren vergeben werden. Sie können weder verlängert noch erneut erworben werden.

Wahlgräber als Grabstätten für ein oder mehrere Verstorbene, deren Nutzungsrecht immer wieder verlängert werden kann.

Die Feuerbestattung

Der Verstorbene wird mit dem Sarg eingeäschert. Nach der Trauerfeier bleibt der Sarg in der Kapelle oder Trauerhalle stehen und wird anschließend in ein Krematorium überführt. Auf Wunsch der Familie kann die Trauerfeier auch erst bei der Urnenbeisetzung gehalten werden.

Als Grabstätten können gewählt werden:

Das *anonyme Urnengrab* auf einem Rasenfeld ohne Grabstein und Grabschmuck, das namentlich gekennzeichnete Urnengrab in einer Urnenhalle, in neuerer Zeit auch in eigens eingerichteten Grabeskirchen oder in einer Urnenwand.

Bei der *Baumbestattung* im »Friedwald« wird die Asche in einer Urne aus gepresstem Maismehl in die Baumwurzel eingebettet. Die Angehörigen können an dem Baum eine Tafel mit dem Namen des/der Verstorbenen anbringen.

Christliches Begräbnis feiern

In eigenen Gottesdiensten begleiten Christen ihre Toten mit Gebet und Fürbitten zum Grab. Jeder Getaufte hat Anspruch auf ein kirchliches Begräbnis. Es ist eine Feier der Kirche, bei der die Gemeinschaft mit dem Verstorbenen betont und – vor allem den Angehörigen – die tröstende und aufrichtende Botschaft von Jesu Tod und Auferstehung verkündet wird.

Kann ein christliches Begräbnis von der Kirche verweigert werden?

In der katholischen Kirche ist nach dem Kirchenrecht das kirchliche Begräbnis demjenigen zu verweigern, der sich von der Kirche und ihrem Glaubensverständnis offenkundig durch Kirchenaustritt losgesagt hat. Oder der durch seine persönliche Lebensführung in einem schwerwiegenden Widerspruch zur kirchlichen Glaubenslehre gestanden hat und durch dessen kirchliches Begräbnis ein öffentliches Ärgernis hervorgerufen wird. Ob dies auf den Verstorbenen zutrifft und bis zu seinem Tod maßgebend war, kann nur im persönlichen Gespräch der Angehörigen mit dem Seelsorger ermittelt werden.

Eine generelle Verweigerung des kirchlichen Begräbnisses – etwa nach Selbsttötung – gibt es nicht. In allen Fällen wird die Kirche in Gottes Namen »Gnade vor Recht« ergehen lassen, solange es nicht dem ausdrücklichen Wunsch des Verstorbenen widerspricht. Seinen Wille gilt es zu respektieren, selbst wenn sich die Angehörigen eine andere Form wünschen.

Dennoch kann es berechtigter Wunsch der Hinterbliebenen sein, ihre Trauer und Hoffnung in Gottesdienst und Gebet zum Ausdruck zu bringen, auch wenn der Verstorbene kein kirchliches Begräbnis wünschte. Hier wird mit dem Seelsorger zu überlegen sein, ob im Zusammenhang mit dem Begräbnis eine Messe mit entsprechendem Totengedenken möglich ist bzw. ein anderer Gebetsgottesdienst gestaltet werden kann.

Wir könnten viele Leiden und
die Bitterkeit der Leiden vermeiden.
Aber nur um den Preis, der zu hoch ist:
wenn wir aufhören zu lieben.

Dorothee Sölle

Eine *anonyme Bestattung* durch das Ausstreuen der Asche will wohl bewusst keine erkennbare Verbindung und Gemeinschaft mit dem Verstorbenen aufrechterhalten. Es ist deshalb auch nicht angebracht, diese Bestattungsform gemeinschaftlich in einer liturgischen Feier zu begehen.

Die Bestattung in einem »*Friedwald*« (freier, umfriedeter Wald im völlig naturbelassenen Waldgebiet; Unsichtbarkeit des Urnenfeldes; Bestattung an einem Baum; Grabpflege durch die Natur) ist nur schwer als eine christliche Form der Beerdigung zu verstehen. Die Deutung einer bloßen Rückkehr des Menschen in den Naturprozess lässt weder eine Gottverbundenheit noch eine Berufung zum ewigen Leben erkennen.

Zwar ist der Baum auch für Christen ein altes Glaubenssymbol – als »Lebensbaum« –, eine solche Deutung der natürlichen Bäume lässt aber nur der Glaube zu. Aus sich heraus ist der Baum nur ein Symbol für den Kreislauf der Natur und des Lebens. Eine »Baumbestattung« würde sich nur als Zeichen der Rückkehr in diesen Kreislauf verstehen.

Christen aber glauben nicht an einen Kreislauf von Leben und Sterben, sondern an eine Vollendung des Lebens im Reich Gottes. Deshalb müsste bei dieser Form der Bestattung eine christliche Feier sehr sorgfältig überlegt werden.

Der Lebensbaum der Christen ist nicht irgendein natürlicher Baum, sondern das Kreuz, das über den Gräbern als Zeichen des Weges vom Tod zum ewigen Leben aufgerichtet wird.

Je nach regionalem Brauch finden die verschiedenen gottesdienstlichen Feiern im Haus, in der Friedhofskapelle, in der Kirche und/oder am Grab statt. Diese Feiern können jeweils miteinander verbunden werden, aber auch zu verschiedenen Zeiten stattfinden.

So wird in der katholischen Kirche vielerorts der Sterbe-Rosenkranz am Vorabend der Beerdigung gebetet, während am nächsten Tag die Feier der heiligen Messe (auch Requiem oder Exequien genannt) für den Verstorbenen mit gleich anschließendem Begräbnis gehalten wird. In den Städten erfolgen Gottesdienst und Begräbnis meist am selben Tag. In der evangelischen Kirche findet der Gottesdienst in der Friedhofskapelle statt mit anschließendem Begräbnis (s. S. 252 ff.)

In der katholischen Kirche wird das Begräbnis von einem Priester oder Diakon (mancherorts auch von einer/m Gemeindereferentin/en oder Pastoralreferenten/in) geleitet, in der evangelischen Kirche in der Regel vom Pfarrer bzw. von der Pfarrerin.

Leicht ruhe die Erde auf dir
am Ende deines Lebens,
dass du sie schnell abschütteln kannst
auf deinem Weg zu Gott.

Irischer Segensspruch

Wenn der Tod am Anfang steht

Fehlgeburt, Totgeburt oder Tod nach (Früh-)Geburt

Die Trauer um ein Kind, dessen Leben kaum begonnen hat, das bei der Geburt, kurz danach oder sogar schon vor der Geburt gestorben ist, gehört sicher zum Leidvollsten, was Eltern, Geschwister und nahe Angehörige zu bewältigen haben. Gefühle der Verzweiflung, des Zorns und des Haderns stellen sich ein. Oft steht die Familie mit ihrer Trauer ganz allein, weil über solche Schicksale immer noch der Mantel des Schweigens gehüllt wird oder man lieber darüber hinwegsieht.

Trotz medizinischen Fortschritts werden in Deutschland etwa 5000 Kinder jährlich tot geboren oder sterben in der ersten Woche nach der Geburt. Die Zahl der Fehlgeburten ist noch um ein Vielfaches höher. Hier ist ein würdevoller Abschied und eine angemessene Gestaltung der Bestattung »überlebenswichtig« für die Angehörigen.

Gesetzliche Bestimmungen

Fehlgeburt

Als Fehlgeburt (Abort) bezeichnet man totgeborene Babys unter 500g. Sie können heute in den meisten Bundesländern auf Wunsch der Eltern bestattet werden, auch wenn es keine entsprechenden Gesetze, sondern nur Empfehlungen gibt.

Totgeburt

Unter Totgeburt versteht man die Geburt eines im Mutterleib oder während der Geburt verstorbenen Kindes über 500g. Das Baby wird standesamtlich registriert, unterliegt jedoch bis zu einem Gewicht von 1000g nicht in allen Bundesländern der Bestattungspflicht. Eine Bestattung ist jedoch immer möglich. Mittlerweile wird auf Wunsch der Eltern der Vor- und Familienname eines totgeborenen Kindes im Geburtenbuch eingetragen.

Segen für Väter und Mütter

*Gesegnet seist du, damit du deine Trauer zulassen kannst.
Gott schenke dir Tränen und Worte für deinen Schmerz.
Gesegnet seist du, damit dich die Fragen ohne Antwort nicht zerreiben.
Gott schenke dir Menschen, die dir geduldig zuhören.
Gesegnet seist du, damit du dich der Ohnmacht stellst,
die dich manchmal lähmt und dich frühmorgens nicht aufstehen lassen möchte.
Gott stärke dich, wenn die Anforderungen des Alltags über deine Kräfte gehen.
Gesegnet seist du, damit du einsame und schwere Stunden überstehst.
Gott stelle Menschen an deine Seite, die dich verstehen und dich nicht verlassen.
Gesegnet seist du, damit du dein liebes Kind ziehen lassen kannst.
Gott schenke dir Glauben, dass es in seiner Hand geborgen ist.
Gesegnet seist du, damit du deinem lieben Kind einen Platz in deinem Herzen geben kannst.
Gott schenke dir die Kraft dankbarer Erinnerung.
Gesegnet seist du, damit deine Trauer einmal vorbei sein darf.
Gott schenke dir wieder Vertrauen ins Leben und Mut,
deinen Weg weiterzugehen, deine Zeit zu leben,
bis auch du die Schwelle des Todes erreichst.
Gesegnet seist du vom Gott des Erbarmens und Trostes,
der mit dir geht und deine Schritte leitet:
im Namen des Vaters, des Sohnes und des Heiligen Geistes.
Amen.*

Wolfgang Holzschuh

Tot nach der (Früh-)Geburt

Eine Frühgeburt ist eine Lebendgeburt unter 2500g bis zur 37. Schwangerschaftswoche. Ursachen gerade für das Sterben Frühgeborener können Fehlbildungen, aber auch angeborene oder postnatal erworbene Krankheiten sein. In jedem Fall werden solche Kinder in das Geburtenbuch auf dem Standesamt eingetragen.

In allen Fällen haben Eltern die Möglichkeit, eine individuelle Bestattung für ihr Kind vorzunehmen. Bestatter/in und Seelsorger/in können hier hilfreiche Begleiter und Ratgeber sein. Wenn Eltern ihr Kind, z. B. bei einer sehr frühen Fehlgeburt, nicht individuell bestatten wollen, dann wird es von der Klinik in einer Urne auf einem Kindergräberfeld beigesetzt. Vielerorts wird dies mit einer Feier verbunden, zu der die Angehörigen der Kinder eingeladen werden.

Segnung und Namensgebung

Eltern können gemeinsam überlegen, dem Kind einen Namen zu geben. Oft wird das Ungeborene auch schon während der Schwangerschaft mit einem Namen angesprochen. Die Namensgebung macht deutlich, dass das Kind schon eine wirkliche Person war, die in Erinnerung bleiben und nicht namenlos in Vergessenheit geraten wird. Sie kann in Verbindung mit einer kleinen Segensfeier erfolgen, zu der eine Kerze mit dem Namen des Kindes, ein Kreuz und Weihwasser bereitgestellt werden.

Aufbahren und Abschied nehmen

Ein bewusstes Abschiednehmen vom Kind, so schmerzlich es für die Eltern auch ist, hilft den Weg der Trauer zu gehen. Die Seelsorger/innen in den Krankenhäusern stehen Eltern dabei hilfreich und tröstend zur Seite. Freunde und Angehörige können einbezogen werden, um das Leid und den Schmerz zu teilen.

In vielen Gesten und Zeichen kann sich der Abschied vollziehen:

- Das Kind noch einmal berühren und streicheln.
- Ein Foto, einen Fuß- oder Handabdruck des Kindes machen.
- Eine Kerze aufstellen.

In immer mehr Kliniken wird das Kind in einem eigenen Raum oder in der Hauskapelle aufgebahrt. Jedoch kann, unabhängig vom Ort der Geburt, das Kind auch vom Bestattungsinstitut nach Hause überführt werden. So haben Eltern und Geschwister die notwendige Zeit, um Abschied zu nehmen. Sie können ihn würdevoll gestalten, z. B. durch eine Feier der Namensgebung und der Segnung, durch Bilder malen, fotografieren, beten, singen usw.

Gemeinsam kann auch der kleine Sarg liebevoll gestaltet und aufgebahrt werden. Kleine Wunschzettel oder auch Erinnerungsstücke werden mit in den Sarg gelegt.

Vielleicht trifft man sich auch mit allen aus der Familie zu einer gemeinsamen Totenwache, zündet die Kerze mit dem Namen an und nimmt mit der Bitte um Gottes Hilfe gemeinsam Abschied.

Die Beerdigung kann bei nicht bestattungspflichtigen Kindern in einem vorhandenen Grab der Familie oder eines Angehörigen erfolgen. Ansonsten ist die Bestattung in einem eigenen Kindergrab oder auch anonym möglich.

Was du brauchst

Jemanden, der
mitleidet
mitträgt
mittrauert
mitbetet
und still mit dir
das Licht des neuen Tages
erwartet.

Peter Neysters

4. Kapitel

Den Tod begehen – Trauer durchleben

Immer häufiger kann man in Todesanzeigen lesen, dass der Verstorbene »in aller Stille« und/oder »im engsten Familienkreis« beigesetzt werden soll. *Ab*stand, nicht *Bei*stand scheint da eher erwünscht zu sein. In dem Maße, wie Sterben und Tod sich »privatisiert« haben, werden Trauer und Trost immer mehr zur »privaten Angelegenheit«. Mit Schmerz und Leid muss dann jeder selbst fertig werden.

Wie alle wichtigen Ereignisse im Leben braucht auch die Trauer Gemeinschaft. Wir brauchen die Mittrauernden, denen wir uns mitteilen können und die mit uns Leid und Schmerz teilen. Andernfalls werden wir selbst in einem der bedeutsamsten Momente menschlichen Lebens immer sprachloser … und auch »klagloser«!

Die Bestattung gehört nach der kirchlichen Tradition zu den »Werken der Barmherzigkeit«: weil Christinnen und Christen in der Trauerfeier ihrer Liebe für den Verstorbenen ein letztes Mal Ausdruck geben können. Weil sie seine Würde achten und ihm die letzte Ehre erweisen. Und weil die Gemeinde den Hinterbliebenen helfen kann, mit dem Tod eines geliebten Menschen weiterzuleben.

Johannes Friedrich

Beeindruckend ist die öffentliche Trauer im Orient oder bei den Sinti und Roma. In der Totenklage schreien die Menschen ihren Schmerz heraus und klagen mit ihrem ganzen Körper. Sie sind nicht allein! Eine große Menschenmenge stimmt in die Trauergesänge ein. Je größer die Trauerschar und je lauter das Wehklagen, desto höher das Ansehen des Toten und seiner Familie! Trauer wird hier »lauthals« zur Sprache gebracht, weder verdrängt noch verschwiegen. Trauer wird hier von anderen in aller Öffentlichkeit mitgetragen und verliert sich nicht »in den eigenen vier Wänden«.

Das war früher auch bei uns nicht anders. Da waren Tod und Trauer eine »öffentliche Angelegenheit«, die alle etwas anging. Bis zur Mitte des letzten Jahrhunderts war die Totenklage weit verbreitet – in ländlichen Gebieten ist sie es bis auf den heutigen Tag. Die Toten wurden damals noch in der guten Stube aufgebahrt. Die Familie und die Nachbarn versammelten sich um den Toten und beklagten sein Ableben. Sie hielten die Totenwache und beteten den Rosenkranz.

Am Abend kamen die Nachbarn und viele Leute zum Rosenkranzbeten. Die Mutter lag im Vorhaus, in der Fletz aufgebahrt. Ihre schönen rötlichen Haare waren in Locken gekämmt, wie sie dies immer vor dem Spiegel getan hatte. Sie hatte ein schwarzes Kleid an, und Schuhe hatte sie auch an. Wir Kinder fragten, warum hat die Mutter Schuhe an? Die Nachbarin sagte, dass das ein alter Brauch ist, denn eine Wöchnerin muss auf Dornen in den Himmel gehen. Die Nachbarn beteten einen Rosenkranz, dann bekamen sie Brot und ein Trunk wurde gereicht. Dann wurde noch ein Rosenkranz gebetet. Das war zwei Abende so.

Anna Wimschneider

Leichenmahl

Ein schon lange andauernder Brauch ist das Leichenmahl. Im Laufe der Jahrhunderte hat es jedoch zahlreiche Veränderungen erfahren.

Bereits in der Antike fanden sich die Christen zu bestimmten Zeiten – am dritten, siebten und dreißigsten Tag nach dem Tod oder beim Jahrgedächtnis – am Grab zu einem Mahl ein, bei dem sie der Verstorbenen gedachten. Sie verstanden das Mahl als Vorausnahme des himmlischen Mahles und als »Erquickung der heimgegangenen Seele«. Der Gedanke der Gemeinschaft zwischen Lebenden und Toten bestimmte solch ein Geschehen. Lebens- und Totenmahl verschmolzen miteinander. Es war vor allem der gemeinschaftsstiftende Aspekt, der hier zum Tragen kam. In der Gemeinschaft wurde die Trauer bewältigt und verarbeitet.

Ein weiterer Aspekt des Totenmahls war der Rechtscharakter. Man verabschiedete gleichsam den alten Eigentümer von seinem Besitz und wies den Erben in die Erbschaft ein. In früheren Jahrhunderten begann das Mahl mit der Totenwache und zog sich einige Tage über das Begräbnis hin. Nach und nach beschränkte es sich auf den Termin der Beerdigung, erstreckte sich aber über den ganzen Tag und wurde nur durch die Bestattung selbst unterbrochen.

Das Leichenmahl vollzog sich zunächst im Totenhaus, später – etwa seit dem 18. Jahrhundert – verlegte man es mehr und mehr in eine Gaststätte. Seit dem Mittelalter bis ins 19. Jahrhundert hinein bestand das Mahl aus reichlich Bier und Branntwein sowie Fleisch und Brot. Es ging dabei nicht immer ganz »traurig« zu. Später wurde es von Kaffee und Kuchen abgelöst, wie es bis heute üblich ist.

Trauerkleidung

In den früheren Zeiten war es selbstverständlich, dass die nächsten Angehörigen nicht nur bei der Beerdigung, sondern auch lange Zeit danach – oft bis zu einem Jahr – schwarze Kleidung zum Zeichen der Trauer trugen. Mit dem »Trauerjahr« nahm man sich die gesellschaftlich akzeptierte Zeit, und mit der Trauerkleidung gab man der Trauer eine verbindliche Form. Später begnügte man sich mit einer Trauerbinde oder einem Trauerflor. In letzter Zeit scheint die schwarze Farbe als Zeichen der Trauer weithin aus der Öffentlichkeit zu verschwinden. Sie wird eher als peinlich empfunden und nur allzu gern vermieden. Das Leben muss weitergehen. Aber ob es einfach immer so weitergeht?!

Auch heute wird man wohl bedenken müssen, dass die Trauer grundsätzlich etwas Menschliches ist und ihren Ausdruck auch in der Kleidung finden kann. Sie lässt darüber hinaus andere erkennen, dass man »in Trauer« ist.

wenn ich gestorben bin

wenn ich gestorben bin
hat sie gewünscht
feiert nicht mich
auch nicht den tod
feiert den
der gott von lebendigen ist

wenn ich gestorben bin
hat sie gewünscht
zieht euch nicht dunkel an
das wäre nicht christlich
kleidet euch hell
singt heitere lobgesänge

wenn ich gestorben bin
hat sie gewünscht
preiset das leben
das hart ist und schön
preiset DEN
der ein gott von lebendigen ist

Kurt Marti

Schmerzen, Klagen und Tränen

Der Tod eines geliebten Menschen macht hilflos, ratlos, sprachlos und unendlich traurig. Die Wohnung ist leer und wirkt verlassen. Jeden Augenblick hat man das Gefühl, die Tür geht auf und der Verstorbene kehrt zurück. Vergebliches Warten und Hoffen! Es tut weh, die Dinge zu sehen, die der geliebte Mensch zurückgelassen hat, die Kleider, die er getragen, die Bücher, die er gelesen, den Platz, auf dem er gesessen, die Spiele, die er gespielt, das Glas, aus dem er getrunken hat, die Stufen, Treppen und Wege, die er gegangen ist …

Es überkommen einen Tränen, Schmerz und unsägliche Trauer. Niemand muss sich seiner Trauer und seiner Tränen schämen!

Trauer ist uns gegeben, um Schmerzen des Verlustes zu bewältigen. Wenn wir sie zulassen, kann sie heilsam sein. Wenn sie in uns bleibt und verdrängt wird, kann sie zerstörerisch wirken. Trauer ist keine Krankheit, aber unverarbeitete Trauer macht krank.

Es gibt Sprüche, die verfolgen uns ein Leben lang. Man hat sie uns als Kind gelehrt und sie bleiben bis ins Alter unvergessen. Eine solche Lebensweisheit ist auch der Spruch: »Lerne leiden, ohne zu klagen.« Ganze Generationen haben sich klaglos in ihr Schicksal gefügt und ergeben ihr Leid getragen. Auch wenn ihnen eher »zum Heulen« zumute war. So manche Träne blieb ungeweint, so mancher Klagelaut ungehört!

Was früher so oft erzwungen wurde, wird heute immer häufiger freiwillig gewählt. Man will seine Trauer nicht zur Schau stellen. Deshalb verbirgt man seine Gefühle, hält die Tränen zurück und schließt sich in seinen Schmerz ein. Das alte Sprichwort vom »klaglosen Leiden« scheint heute aktueller denn je. Jedoch: In dem Maße, wie Leiden klaglos hingenommen oder verdrängt wird, schwindet zugleich die Leidenschaft aus dem Leben und für das Leben.

Da sitzt eine Frau am Sterbebett ihres Mannes, aufrecht und gefasst. »Du musst jetzt tapfer sein!«, so hatte man ihr überall gesagt. Eines Tages fragt sie der Krankenhausseelsorger: »Haben Sie schon geweint?« Die Frau ist überrascht. Irgendwie fühlt sie sich durchschaut. »Ja, aber nur wenn ich allein bin und mich niemand sieht und hört.« »Da bin ich aber froh. Ich dachte schon, Sie hätten das Weinen verlernt!«

Wenn wir weinen, fühlen wir uns im Nachhinein erleichtert. Tränen erlösen und befreien. Sie sind eine Wohltat! Sie sind keine Schande! Unserer Tränen müssen wir uns nicht schämen! Um einen Menschen zu weinen, ist eine ehrenvolle Angelegenheit. Jede Träne zeigt an, was der andere einem bedeutet (hat).

Wer weint, gibt zu, dass er schwach ist, hilflos und erschüttert. Wer mit anderen weint, nimmt teil an deren Schwäche und stärkt sie zugleich. Vielleicht tun sich Männer auch heute noch so schwer mit ihren Tränen, weil sie Weinen mit Schwachsein verwechseln. Weinen ist angeblich eher Sache der Frauen, des »schwachen Geschlechts«.

Dagegen äußerte einst Johann Wolfgang von Goethe die Bitte: »Lasst mich weinen, das ist keine Schande! Weinende Männer sind gut!«

Wenn man einen
einzigen Schmerz
empfunden hat,
so versteht man
alle anderen Leiden.

Jean Paul

Mein Elend ist aufgezeichnet bei dir. Sammle meine Tränen in einem Krug, zeichne sie auf in deinem Buch!

Psalm 56,9

Keine Träne wird vergeblich geweint, keine Träne zerrinnt sinnlos auf der Erde. Der Psalmist gibt zu verstehen: Gott sammelt meine Tränen in einem Krug. Er hebt sie auf; er bewacht sie. So wie er die Tränen seines Sohnes aufgesammelt hat, als Jesus am Grab seines Freundes Lazarus stand und um ihn weinte.

Dieses Wissen um die Tränen Jesu ist so wohltuend und so menschenfreundlich, dass alle Trauernden befreit aufatmen können in ihren Tränen. Das Wissen um die Klagerufe Jesu ist so wohltuend und so menschenfreundlich, dass alle Trauernden befreit aufatmen können in ihren Klagerufen. Seine Tränen und seine Klagen sind zugleich unsere Hoffnung.

Weinen sie ruhig, es ist keine Schande, sich nicht trösten zu lassen mit Krims und Krams, mit Ersatz und Kommtsonnenschein, haben Sie keine Angst, sich dem Schmerz zu geben, bei ihm sind sie nicht schlechter aufgehoben als bei anderen, offen stehen alle seine Türen, er nimmt sie, ohne viel Fragen. Weinen Sie und schonen Sie sich nicht … Weinen Sie, sparen Sie nicht ihre Tränen, wer weiß, ob Sie morgen noch Zeit haben, noch Herz haben, noch Mut haben, noch Tränen haben …
Im Lande Uz saß Hiob in der Asche und weinte, im Tempel lag David und weinte, und im Gefängnishof stand Petrus und weinte, bitter.
Petrus weinte, weil es zu spät war. Er hatte Treue geschworen und sie verraten, schneller als üblich, er wollte ausharren und dableiben bis zum Ende und fiel sofort um bei der ersten bis dritten Gelegenheit …
Weinend stand er da im Hof, weinend lief er hinaus in die Nacht, die schon grau wurde, weinend lief er hinter seinem Leben her, das verschwunden war, das zerstört war, wie bei dem in der Asche im Lande Uz, wie bei dem auf dem Fußboden im Tempel zu Jerusalem.

Dorothee Sölle

Trauerphasen

Trauer ist nicht einfach ein »seelischer Zustand«; Trauer ist ein Prozess, in dessen Verlauf der Mensch unter Einsatz seiner seelischen, geistigen und sozialen Kräfte einen schmerzlichen Verlust bewältigt. Im Prozess des Trauerns kann es verschiedene Stadien der Trauer geben.

Der britische Trauerforscher John Bowlby hat jahrelang Menschen beobachtet, die den Tod eines Partners oder eines Kindes zu beklagen hatten. Dabei stellte er fest, dass die innere Verarbeitung dieses Verlustes – die »Trauerarbeit« – nach bestimmten Stufen oder Phasen verläuft. Dies geschieht nicht einheitlich oder gar schematisch, sondern ist vielmehr von verschiedenen Faktoren abhängig. Wie z. B. vom Grad der Beziehung, vom Alter, von der Sterbesituation und der Todesursache. Zwischen den einzelnen Phasen können Verschiebungen und Verzögerungen eintreten.

1. Phase: Trauerschock

Der Tod eines Menschen schockiert, nicht nur wenn er völlig unerwartet kommt. »Mit einem Schlag« – so sagen wir wohl zu Recht – ist alles anders. Die erste Reaktion ist Verzweiflung, Hilf- und Ratlosigkeit. Die Tragweite der Todesnachricht wird noch nicht erfasst; viele leugnen sie gar: »Das kann nicht wahr sein, das muss eine Falschmeldung sein.«

Die meisten Menschen sind verstört, erstarrt, »leben hinter einem Nebel«, scheinen unbeteiligt, reagieren apathisch. Andere geraten außer Kontrolle, brechen zusammen. Der Tod hat etwas Überwältigendes, er lässt Menschen die Gewalt über sich verlieren. Trauernde fühlen sich dann »außer sich«, ohne jeden realen Bezug zur Lebenswirklichkeit. Der Schock sitzt tief.

2. Phase: Auflehnung

Gefühle wie Wut, Zorn und Hass kommen auf. Man schreit seinen Schmerz heraus, hadert mit seinem Schicksal, geht mit Gott ins Gericht. Wer hat mir das angetan? Warum musste es ausgerechnet mich treffen? Womit habe ich das nur verdient?

Wut und Zorn können sich sogar gegen den Toten richten, um den man trauert. Ihm werden bittere Vorwürfe gemacht: Wie konntest du mir das nur antun? Warum hast du mich nur im Stich gelassen? Was soll denn nun aus mir werden?

Schließlich können diese aggressiven Gefühle auch umschlagen und sich in Selbstvorwürfen abreagieren: Hätte ich nicht besser auf ihn/sie aufpassen können? Hätte ich den Unfall oder das Unglück nicht verhindern müssen? Habe ich nicht zu früh aufgegeben oder den Tod herbeigewünscht? Schuldgefühle stellen sich ein. Man beschuldigt sich selbst, dieses getan und jenes unterlassen zu haben. Man martert und quält sich mit solchen Gedanken.

Dieses Chaos in der Gefühlswelt ist etwas »Normales«. Obwohl es überhaupt keinen rationalen Grund für (Selbst-)Vorwürfe und Schuldgefühle gibt, ist es wichtig, diese Gefühle hochkommen zu lassen und zum Ausdruck zu bringen. Wut, die unterdrückt wird, kann vielfältige Zerstörung anrichten. Nicht zuletzt in der eigenen Seele. Hass, der nicht zugelassen wird, wirkt zersetzend in der Beziehung zu anderen und zu sich selbst. Schuldgefühle, die nicht geklärt werden, bleiben eine unerträgliche Belastung.

Niedergeschlagenheit bis hin zu Schwermut und Depression sind die Folge. Die Phase der Auflehnung hat nichts Verwerfliches an sich. Im Gegenteil: Sie kann von heilsamer Wirkung sein.

3. Phase: Annahme

Wer seinen Schmerz herausschreien durfte, wer hadern und anklagen konnte, der schafft Platz in seiner Seele, der kann allmählich innere Ruhe und Frieden einkehren lassen. Er kann dann den Verstorbenen innerlich freigeben und sich selbst befreien. Die Zeit der Annahme ist gekommen. Die Einsicht setzt sich durch, dass das Leben weitergeht und dass man für das eigene und für das Leben anderer verantwortlich ist – vielleicht mehr als früher. Neue Lebensentwürfe werden entwickelt, neue Lebensperspektiven tun sich auf. Der Verstorbene bleibt Teil dieses Lebens. Er lebt weiter in der Erinnerung und im Gedenken.

Nicht alle Schmerzen sind heilbar,
denn manche schleichen sich
tiefer ins Herz hinein,
und während Tage und Jahre verstreichen,
werden sie Stein.

Du sprichst und lachst,
wie wenn nichts wäre,
sie scheinen zerronnen wie Schaum.
Doch du spürst ihre lastende Schwere
bis in den Traum.

Der Frühling kommt wieder
mit Wärme und Helle,
die Welt wird ein Blütenmeer.
Aber in meinem Herzen ist eine Stelle,
da blüht nichts mehr.

Ricarda Huch

Trauer von Frauen und Männern

… und ich hätte so gern mit meinem Mann gesprochen

Eva, 42 Jahre alt, verlor mit 32 Jahren ihren Sohn Stephan durch einen Autounfall: »Viele Menschen waren mir in dieser ersten Zeit nach Stephans Tod näher als mein eigener Mann.

Ich habe leider auch dazu geneigt, Stephan in den Himmel zu heben: Alles, was mit ihm zusammenhing, war überhaupt das Schönste, das Größte, das Wunderbarste. Überall standen Blumen und Bilder, und von den schönsten Fotos ließ ich Poster machen. Und die musste ich einfach am Morgen beim Aufwachen sehen. Es hat unheimlich wehgetan, aber ich musste das haben, weil ich dachte, sonst ersticke ich.

Und ich hätte so gerne mit meinem Mann gesprochen. Er konnte nicht. Er hat von vorneherein versucht, das Thema gar nicht anzuschneiden, und wenn, dann wurde es nur kurz abgehandelt. Irgendwann war es auch so eingespielt, dass wir gar nicht mehr darüber redeten.

Er kam dann vom Geschäft nach Hause und hat sich jede mögliche Art der Ablenkung gesucht: Politik, Vereine, Sport und Kneipen.

Jeder machte dem anderen Vorwürfe: Ich ihm, dass er fortging und mich alleine ließ. Er, dass ich seine Gefühle nicht akzeptiere und einen Kult aus meiner Trauer machte.

Die Trauer, sagte er immer, die bekomme bei mir noch einen Heiligenschein. Du glorifizierst hier alles, das ist ja nicht auszuhalten. Ich kann doch nicht noch mehr trauern, da wird man ja nie fertig.

Und irgendwann haben wir dann überhaupt nicht mehr miteinander geredet.«

Dagesessen wie gelähmt

Wolfgang, 50 Jahre, verlor vor fünf Jahren Sohn Alexander (22) durch Selbsttötung: »Tagsüber war ich auf der Arbeit konzentriert, da kann man den Schmerz weit weg verdrängen. Nur morgens, wenn ich zur Arbeit fuhr, und abends, auf dem Heimweg, da sitzt man ja allein im Auto, da habe ich meine Gefühle nicht gebremst und habe auch mal geweint.

Es ist nicht oft vorgekommen, dass wir gemeinsam geweint haben. In der Regel habe ich es versteckt gemacht, ich wollte nicht zeigen, dass ich weinen konnte.

Wir haben dagesessen wie gelähmt. Wir wollten und konnten nicht vorwärtskommen mit unseren Gedanken, haben immer nur an die Sache gedacht und auch so viele Schuldgefühle in unsere Trauer mit hineingenommen: Vielleicht habe ich alles zu leicht gesehen, habe ihn nicht ermutigt, zum Arzt zu gehen; vielleicht habe ich ja auch Scheuklappen vor den Augen gehabt, wollte die Depression gar nicht sehen, in die Alexander gefallen war.

Es war ein ständiges Herumsitzen und Reden und Sich-Vorstellen: Hätte man doch … warum haben wir nicht …? Und meine Frau sagte immer: Ja, hätten wir erst gar nicht gebaut.

Da bin ich manchmal, ich will fast sagen, barsch geworden, weil ich weiß, das bringt nichts. Manchmal habe ich zu meiner Frau gesagt: Man meint glatt, du badest dich gern in solchen Gedanken. Dann sagte sie immer: Du bist so kühl, du bist so realistisch, du bist so hart, und dabei habe ich ja innen drin genauso einen Schmerz. Ich bin nicht der Mensch, der zu so vielen Tränen in der Lage ist, vielleicht sind wir Männer überhaupt Holzstöcke, die gar nicht so viel Klang abgeben können.«

Von Gefühlen »übermannt«

Zwischen der Trauer der Frauen und der der Männer scheinen Welten zu liegen. Der Tod trifft sie beide gleichermaßen hart und erschüttert sie in den Grundfesten ihres individuellen und gemeinsamen Lebens. Dennoch gehen Frauen und Männer ganz unterschiedlich mit der Trauer und ihrer Bewältigung um. Frauen scheinen eher fähig und bereit zu sein, sich mit dem Anlass ihrer Trauer auseinanderzusetzen und wirkliche Trauerarbeit zu leisten. Die meisten Männer hingegen tun sich schwer, Schmerz und Trauer an sich heranzulassen. Sie flüchten in Ersatzhandlungen, stürzen sich in ihre Arbeit und vermeiden zugleich die Auseinandersetzung mit ihrer Gefühlswelt. »Stell dich nicht so an!« Diese Botschaft aus frühen Kindertagen, tief verinnerlicht, wird aktualisiert.

Schmerz und Trauer werden abgewehrt und verdrängt. Aber sie wirken nach: In stillen Stunden werden Männer oft »übermannt« von ihren Gefühlen und brechen zusammen – der starke Mann, nun ganz schwach. In solchen Grenzsituationen verlieren Arbeit und Leistung, Karriere und Erfolg ihren Sinn und ihren Wert. So mancher Mann, der bisher nie von Selbstzweifeln geplagt wurde, gerät in eine tiefe Identitätskrise und beklagt das Unverständnis seiner Umwelt: »Niemand weiß, wie ich gelitten habe und noch leide.«

Es gelingt Frauen wohl eher, sich der Trauer zu stellen, die Schmerzen auszuhalten und Erschütterungen zuzulassen. Auch wenn so mancher Mann mit zwiespältigen Gefühlen der gefühlsbetonten Trauerarbeit seiner Frau gegenüber steht, klingen gelegentlich doch auch die Sehnsucht und der Wunsch an, in gleicher Weise mit der eigenen Trauer umgehen zu können (und zu dürfen). Dabei spürt er sehr wohl, dass es seiner Frau besser gelingt, mit der Situation fertig zu werden, auch wenn alle Indizien zunächst dagegen sprechen. Mitunter kommt sogar Neid auf. So sieht es jedenfalls Erich Kästner:

Es gibt auch andere, die wie ich empfinden.
Wir sind um so viel ärmer, als ihr seid.
Wir suchen nicht, wir lassen uns bloß finden.
Wenn wir euch leiden sehen, packt uns der Neid.

Ihr habt es gut. Denn ihr dürft fühlen.
Und wenn ihr trauert, drückt uns nur der Schuh.
Ach, unsere Seelen sitzen wie auf Stühlen
und sehn der Liebe zu.

Erich Kästner

Wie gut täte es Frauen wie Männern, wenn sie gemeinsam um den Verlust eines geliebten Menschen trauern und weinen könnten. Trauer und Schmerz wären nicht geringer, aber sie wären erträglicher. Geteiltes Leid ist halbes Leid, sagt ein altes Sprichwort.

Bleibt ein Partner in seiner Trauer jedoch allein, wächst spürbar die Gefahr, dass nach dem »äußeren Tod« mit der Zeit noch der »innere Tod« eintritt. Betrauert er ausdauernd und wie selbstverloren den Verlust eines Kindes, dann steigert er sich so hinein in seine Trauer, dass er alles um sich herum vergisst. Wenn er dann selbst seinen nächsten Angehörigen teilnahmslos gegenübersteht, dann drohen eheliche und familiäre Beziehungen zu zerbrechen.

Solche Menschen tragen sich selbst zu Grabe. Sie gehen ganz in ihrer Trauer auf – und mit der Zeit in ihrer Trauer unter. Der »Tod der Beziehung« kündigt sich an.

Trauer mit Kindern

Der Tod gibt Kindern viele Fragen auf. Dennoch können und dürfen wir ihnen diese Erfahrung nicht ersparen, denn der Tod gehört zum Leben, auch bereits zu ihrem jungen Leben. Ob das geliebte Zwergkaninchen tot im Stall liegt, ob ein Spiel- oder Klassenkamerad verunglückt, ob die Oma nicht mehr da ist, ob Vater oder Mutter, Bruder oder Schwester sterben, immer ist das Kind ganz unmittelbar betroffen.

Kinder trauern anders als Erwachsene. Die Erfahrung des Todes kann sie völlig überwältigen. Oft verhalten sie sich »nach außen« zwar so, als wäre nichts geschehen, und reagieren – zum Unverständnis der Erwachsenen – fast gleichgültig. Doch erleben vor allem ältere Kinder die Trauer ganz tief und elementar. Wie sehr sie leiden und wie häufig sie sich im Chaos ihrer Gefühle und Fragen allein gelassen fühlen, zeigt sich oft

- in körperlichen Symptomen, wie Kopf- und Bauchschmerzen oder Unwohlsein,
- in regressivem Verhalten, wie Bettnässen oder Daumenlutschen,
- in seelischen Reaktionen, wie Konzentrationsstörungen, Aggressivität oder auffallender Introvertiertheit.

Erwachsene können Schmerz und Trauer nicht vor Kindern verbergen. Warum dann nicht offen und ehrlich darüber sprechen?!

Nichts für Kinder

»Kinder können da nicht mit«, sagte die Mutter.

»Ich möchte mal wissen, wie das gemacht wird«, sagte Grischi.

»Es ist zu traurig für dich«, sagte die Mutter.

»Ich heule bestimmt nicht«, sagte Grischi.

Die Mutter sagte noch eine Menge. Dass es eine ernste Feier sei, bei der die Leute schwarze Kleider anhaben, und dass Kinder dort stören, und dass es gar keinen Grund gäbe, Grischi mitzunehmen, weil sie mit dem alten Buschke von nebenan nicht einmal verwandt gewesen seien.

»Aber es war mein Freund«, sagte Grischi, »und er hat mir immer Briefmarken geschenkt.«

Dann drehte er sich um. Es hatte keinen Zweck, sie verstanden einen nie. Mit dem alten Opa Buschke hätte er darüber reden können. Von Mann zu Mann sozusagen. Aber der war ja nun tot.

Dann saß er ganz hinten. Er war mit dem Roller gekommen, niemand hatte ihn beachtet. Die Kapuze vom Anorak zog er über den Kopf. Ob er so schwarz genug angezogen war?

Die Halle mit den bunten Fenstern gefiel ihm. Auch die Blumen und überhaupt alles. Er entdeckte einige Leute aus der Straße. Sie standen auf, als vier schwarze Männer einen großen Kasten hereintrugen.

Der Pfarrer erzählte eine Menge von Opa Buschke. Manches davon hatte Grischi gar nicht gewusst. Dass er einmal jung gewesen war und in einen Krieg zog, wofür es ein Abzeichen oder so etwas gegeben hatte. Darum also hatte Opa Buschke das kranke Bein gehabt. Manches wiederum wusste Grischi viel besser als der Pfarrer. Die Sache mit den Kohlen zum Beispiel, wo Opa Buschke sich einfach vom Bahndamm hatte rollen lassen, immer mit dem Sack auf dem Rücken. Und sie hatten ihn nicht erwischt.

Als die Leute nach draußen gingen, hielt er Anschluss. Die Männer ließen den Kasten an Stricken in ein großes Loch. Er faltete die Hände, wie die anderen Leute das auch machten. Wie tief mochte das Loch wohl sein? Da hatten sie eine Menge zu graben gehabt. Er hätte es sich gerne genau angesehen. Aber die Leute standen so dicht vor ihm.

Der Pfarrer betete und sagte, dass alles wieder zu Erde wird. Die Leute warfen Blumen und Erde in das Loch. Nachher würden die vier Männer wohl alles wieder zuschippen?
So war das also. Jetzt wusste er es. Leise schlich er zur Seite. Wie lang war der Weg doch zurück! Er löste das Steckschloss vom Roller und fuhr nach Hause. Nicht besonders schnell, er musste nachdenken. Nein, er heulte nicht. Aber er hätte sich gern mit jemand über das alles unterhalten. Von Mann zu Mann sozusagen.
Zum Beispiel mit Opa Buschke.

Hanna Hanisch

Zehn Hinweise für Eltern

1. Kinder müssen Gelegenheit bekommen zu lernen, wie man trauert.

Unterstütze deine Kinder bei der Rückerinnerung. Erlaube ihnen, dass sie sich von den Gefühlen, die diese Erinnerungen in ihnen auslösen, berühren lassen. Gib ihnen die Möglichkeit, sich mit tatsächlichen oder vermeintlichen Schuldgefühlen herumzuschlagen. Lass auch zu, dass sie über den Verlust wütend und ärgerlich werden. – Lass sie verstehen, was Trauer auch bedeutet: Nämlich, dass Gefühle, die sie einem verstorbenen Tier oder Menschen gegenüber empfunden haben, sich allmählich auflösen und neuen Beziehungen weichen.

2. Kinder müssen die Möglichkeit bekommen, über die kleineren Verluste in ihrem Leben zu trauern.

Ermögliche ihnen, z.B. über den Verlust eines Tieres zu trauern. Dann werden sie eines Tages auch besser in der Lage sein, mit dem größeren, sie stärker berührenden Verlust eines Menschen umzugehen.

3. Kinder müssen über Todesfälle in ihrer Umgebung informiert werden.

Wenn du sie nicht über einen Todesfall informierst, nehmen sie nur die Aufregung der Erwachsenen wahr. Sie suchen dann nach Erklärungen für dieses unverständliche Verhalten und geben sich womöglich die Schuld daran.

4. *Kinder müssen lernen, die Endgültigkeit des Todes zu begreifen.*

Benutze keine missverständlichen Umschreibungen des Todes wie: »Sie ist von uns gegangen« oder »Er ist eingeschlafen«. Weil Kinder noch Schwierigkeiten mit dem abstrakten Denken haben, könnten sie solche Aussagen leicht wörtlich nehmen. – Wenn du an ein Leben nach dem Tode glaubst und dies deinen Kindern vermitteln möchtest, ist es dennoch wichtig zu betonen, dass sie den verstorbenen Menschen oder das verstorbene Tier nicht wiedersehen werden.

5. *Kinder müssen die Möglichkeit bekommen, sich von Verstorbenen zu verabschieden.*

Erlaube ihnen, einen Toten noch einmal zu sehen und/oder an der Beerdigung teilzunehmen (wenn auch vielleicht nur für wenige Minuten). Kein Kind ist für die Teilnahme an solchen Ritualen zu jung!

6. *Kinder müssen genügend Gelegenheit bekommen, ihre Gefühle über einen Verlust durchzuarbeiten.*

Hilf ihnen dabei, ihre Eindrücke und Gefühle angesichts des Todes zu verarbeiten: Ermuntere sie, hierüber zu sprechen, es im Spiel auszudrücken, Bücher darüber zu lesen oder auch künstlerische Ausdrucksformen zu wählen (z. B. zu malen, Gedichte zu schreiben u.Ä.).

7. *Kinder benötigen die Sicherheit, dass Erwachsene gut genug auf sich selbst achten, um für sie lange am Leben zu bleiben.*

Gib ihnen die Sicherheit, dass die Erwachsenen voraussichtlich nicht sterben werden, bevor ihre Kinder selbst erwachsen werden. Lass sie aber auch wissen, dass jeder Mensch eines Tages stirbt.

8. *Kinder müssen wissen, dass bisweilen auch schon Kinder sterben.*

Lass sie aber wissen, dass Kinder nur dann sterben, wenn sie ganz schwer krank sind oder einen schlimmen Unfall erlitten haben. Lass sie wissen, dass die weitaus meisten Kinder heranwachsen und bis ins hohe Alter leben.

9. *Kinder müssen ermuntert werden, ihre Gefühle zu zeigen.*

Zensiere ihre Gefühle nicht! Erlaube ihnen zu weinen, wütend zu sein oder auch zu lachen. Zeige Anteilnahme für ihre Gefühle; sage z. B.: »Ich sehe, du bist traurig. Du vermisst Großmutter. Möchtest du mit mir darüber sprechen?«

10. *Kinder brauchen das sichere Gefühl, dass ihre Fragen ehrlich beantwortet werden.*

Gib ihnen die Gewissheit, dass du ihren Fragen nicht ausweichst und dass du ihnen verständliche Antworten geben wirst. Lass den Anstoß zu solchen Fragen vom Kind ausgehen und beantworte nur solche Fragen, die das Kind wirklich gestellt hat.

Wie sag ich`s meinem Kinde?

Jüngst sah mein kleiner Sohn
Den ersten Totenwagen.
– Er gab nicht einen Ton
Und stellte keine Fragen.

Doch dann, nach ein paar Tagen,
Begann er zögernd leis.
– Was konnte ich schon sagen,
Wo man doch selbst nichts weiß.

Das Schulrezept: Botanik,
»Vom Werden und Verderben«,
Erzielte nichts als Panik:
»Mama, auch du kannst sterben?!«

Es war nicht pädagogisch,
Vom Fortbestand der Seelen,
Und viel zu theologisch,
Vom Himmel zu erzählen.

Doch mangels akkuraten
Berichts aus jenen Sphären,
Erschien es mir geraten,
Zu trösten statt zu lehren.

Im Kreis der »Aufgeklärten«
Bin ich darob verfemt.
– Verzeiht, ihr Herren Gelehrten,
Wenn mich das nicht sehr grämt.

Die Bücherweisheit ist bankrott,
Der Blinde führt den Blinden.
– Und wahrlich, gäb es keinen Gott,
Man müsste ihn erfinden.

Mascha Kaléko

Trost statt Vertröstung

Der Tod eines Menschen kann Lebenswillen lähmen. Das Leben erscheint leer, kalt, sinnlos. Trauernde erstarren in Trauer, fühlen sich hilflos und ohnmächtig, nicht selten verraten und alleingelassen. Da helfen weder gutes Zureden noch aufmunternde Worte, kein Wachrütteln und kein Schulterklopfen. Wer trauert, wirkt oft untröstlich. Und er darf vorerst auch untröstlich sein!

»Anfangs kamen viele Freunde und Nachbarn, um mich zu trösten. Sie hatten es so gut gemeint. Aber eigentlich wollte ich mich gar nicht trösten lassen. Ich wollte allein meine Trauer durchleiden – jedenfalls damals. Heute habe ich den Verlust in mein Leben integriert, kann damit leben und damit umgehen. Und auch Trost annehmen …«

Die Situation von Trauernden ist häufig trostlos genug. Sie haben einen Menschen verloren, und dieser Verlust löst entsprechende Gefühle der Leere und Verlassenheit aus. Alles in allem – eine »trostlose Lage«: traurig, unerfreulich, mehr oder weniger hoffnungslos. Sie verschärft sich noch in dem Maße, wie unsere gegenwärtige Gesellschaft wenig Verständnis für die Menschen aufbringt, die des Trostes wirklich bedürfen. Viele Trauernde bleiben in ihrer Trostbedürftigkeit ungetröstet. Sie müssen ihren Kummer und ihr Leid still und allein mit sich ausmachen. Trauer – so signalisiert eine »trostvergessene Gesellschaft« – hat sich auf die Privatsphäre zu beschränken.

Nicht das Verletzt werden
in Kummer und Leid ist es,
was man fürchtet,
sondern das Gefühl
der Trostlosigkeit hinterher.

Thomas Stearns Eliot

Wir kennen die Redeweise: »Er/Sie ist nicht ganz bei Trost.« Ein solcher Mensch scheint nicht »ganz in Ordnung« zu sein, nicht »ganz heil im Kopf«. Er wird »für verrückt« erklärt, weil er die gesellschaftlichen Maßstäbe und Gewichte verrückt. Und uns selbst aus dem Gleichgewicht zu bringen droht. Dabei wollen wir nicht wahrnehmen, nicht wahrhaben, dass dieser Mensch erst wieder »bei Trost« sein kann, wenn er geheilt und seine Angelegenheit in Ordnung gebracht ist. Wir selbst, als Trostspender gefragt, flüchten nur allzu schnell in billige Vertröstungen. Mehr als ein Trostpflaster scheint unsere Gesellschaft nicht übrig zu haben für die, die des Trostes dringend bedürfen.

bittgedanke, dir zu füssen

*Stirb früher als ich, um ein weniges
früher*

*Damit nicht du
den weg zum haus
allein zurückgehen mußt*

Reiner Kunze

Was man so sagt …

- Das Leben geht weiter.
- Du wirst darüber schon hinwegkommen.
- Es war doch das Beste für ihn und für dich.
- Jedes Leben geht einmal zu Ende.
- Die Zeit heilt Wunden.
- Du hast doch noch deine Kinder.
- Du musst jetzt nach vorne schauen.
- Tränen helfen da auch nicht weiter.

Wie oft sind wir mit solchen Vertröstungen nur allzu schnell bei der Hand. Wir verleugnen die Wucht der Trauer und beschwichtigen den Schmerz und das Leid. Wir wollen möglichst schnell über den Verlust hinweghelfen, damit das Leben wieder seinen gewohnten Lauf nehmen kann. Wahrlich, ein »Trauerspiel«!

Geht der Trost zu weit, ist er schlimmer als das Leid.

Volksmund

Vertröstungen können auch (Selbst-)Täuschungen sein. So suchen wir oft genug Trost bei gewissen »Trösterchen«. Bis uns eines Tages dämmert, einem »billigen Trost« aufgesessen zu sein. Oder wir verfallen bestimmten »Seelentröstern« bzw. überlassen uns gegen Entgelt »Trost- und Trauerspezialisten«. Die Zeiten liegen wohl weit zurück, wo Trost einfach geschenkt wurde!

Vertröstung – und sei sie noch so gut gemeint – hat im Letzten entmündigenden Charakter. Allein die Sprache, der Tonfall, das ganze vertröstende Gehabe haben etwas Kindisches an sich. Der Schmerz wird relativiert, der Verlust bagatellisiert – und der Trostbedürftige nicht ernst- und angenommen. Vertröstung ist der bitterste Trost!

Auch wo Menschen vertröstet werden auf bessere Zeiten – und sei es auf das Jenseits –, da werden ihnen ihre Lebensmöglichkeiten im Hier und Jetzt verbaut. Nur bei den Menschen kann das Leben wirklich weitergehen, wo Schmerz und Kummer, Leid und Trauer als Geburtswehen neuen Lebens anerkannt und zugelassen werden.

Trost will nicht die Trauer nehmen

Dies ist, in Kurzfassung, die Geschichte von Ijob:

»Im Lande Uz lebte ein Mann mit Namen Ijob. Dieser Mann war untadelig und rechtschaffen; er fürchtete Gott und nicht das Böse. Sieben Söhne und Töchter wurden ihm geboren …« (Ijob 1,1-2)

Dieser Ijob/Hiob ist ein wohlhabender Mann – reich an Kindern, reich an Gütern. Doch eines Tages wendet sich das Blatt. All seine Reichtümer werden ihm genommen, keines seiner Kinder überlebt den vernichtenden Wüstensturm. Eine »*Hiobsbotschaft*«: Schlimmer kann es nicht kommen. Ijob hat alles verloren.

»Die drei Freunde Ijobs hörten von all dem Bösen, das über ihn gekommen war. Und sie kamen, jeder aus seiner Heimat: Elifas aus Teman, Bidad aus Schuach und Zofar aus Naama. Sie vereinbarten hinzugehen, um ihm ihre Teilnahme zu bezeigen und um ihn zu trösten.

Als sie von fern aufblickten, erkannten sie ihn nicht; sie schrien auf und weinten. Jeder zerriss sein Gewand; sie streuten Asche auf ihr Haupt gegen den Himmel. Sie saßen bei ihm auf der Erde sieben Tage und sieben Nächte; keiner sprach ein Wort zu ihm. Denn sie sahen, dass sein Schmerz sehr groß war.« (Ijob 2,11-13)

Trost hat sprachlich mit »*Treue*« und »*Trauen*« zu tun – und mit »*trauern*«. Sieben Tage und sieben Nächte trauern die Freunde mit ihm; sieben Tage und sieben Nächte halten sie ihm die Treue; sieben Tage und sieben Nächte trauen sie ihm und sich selbst ihr Schweigen und die Stille zu. Das bedeutet doch: Trösten, wirklich Trost spenden, geschieht dort, wo *Treue* sich bewährt im Aushalten und wo *Vertrauen* sich verwirklicht im Zulassen und Anerkennen des Schmerzes.

Trost will nicht die Trauer nehmen. Trost will mitleiden, mittragen, sich solidarisch erklären – ohne viele Worte, ohne »fromme Sprüche«, ohne falsches Gehabe. Trösten ist weniger aktives Tun, das oft allzu direkt daherkommt und verletzlich sein kann. Trösten ist eher behutsames Warten und zurückhaltendes Ereignen.

Gut, wenn Gott einem von uns
manchmal die Zunge löst,
dass er den Menschenbrüdern
etwas zum Trost sagen kann.
Aber in uns allen ist das Beste stumm.

Karl Heinrich Waggerl

Nur wer wie die drei Freunde selbst zunächst untröstlich ist, kann Trost schenken und Tröstliches vermitteln. Nur wer wie die drei Freunde innerlich berührt ist von so viel Leid und Kummer und sich seiner Tränen nicht schämt, kann dem Trauernden nahe kommen und nahe bleiben. Nur wem es wie den drei Freunden buchstäblich die Sprache verschlägt, entgeht der Gefahr der oberflächlichen Vertröstung.

»*Wie eine Mutter ihren Sohn tröstet, so tröste ich euch …*«, heißt es im Buch Jesaja (66,13). Wie in der Bibel verbinden viele Menschen mit dem Wort »Trösten« das Bild der Mutter: mit ihrem tröstenden Zuspruch, mit ihrer liebevollen Umarmung, mit ihrer heilenden Nähe und Wärme. Ihre Fürsorge ließ das Leid und den Schmerz schon bald vergessen, zumindest erträglicher erscheinen. So wie früher die Mutter (und der Vater) dem Kind zur Seite standen, so braucht der Trostbedürftige, gleich welchen Alters, den Beistand und den Halt ihm nahestehender Menschen.

Stehen bleiben

Von einer fröhlichen Runde kommend,
gehe ich zum Friedhof.
Da stehen zwei Mädchen, die weinen.
Sie haben in diesem Jahr den Vater verloren.
Und jetzt, nach einigen Monaten, die Mutter.
»Wir haben viel gebetet.
Gibt es wirklich keinen Gott?«
Die Frage »Warum?« hat noch nicht ausgedient.
Ich schweige,
ich stehe wortlos da als Zeuge Gottes.
Stehen bleiben, das ist meine Antwort.

Martin Gutl

»Versehen mit den Tröstungen unserer heiligen Kirche …«

Gelegentlich ist dieser Satz noch immer auf Todesanzeigen zu lesen. Hier ist ein gläubiger Christ aus dem Leben geschieden – versehen mit dem Segen und dem tröstenden Zuspruch seiner Kirche. Gemeint ist damit das Sakrament der Krankensalbung oder die Wegzehrung. Der Sterbende wie auch die trauernden Angehörigen und Freunde suchen und erfahren Trost und Kraft in der Zusage Gottes: *»Wer an mich glaubt, wird leben, auch wenn er stirbt« (Johannes 11,25)*. Solcher Trost vertreibt weder die Angst des Sterbenden noch die Trauer der Hinterbliebenen. Aber er weist allen einen Weg in die Hoffnung. So schreibt der Apostel Paulus in einem Brief an die Gemeinde in Thessalonich:

Brüder, wir wollen euch über die Verstorbenen nicht in Unkenntnis lassen, damit ihr nicht trauert wie die anderen, die keine Hoffnung haben. Wenn Jesus – und das ist unser Glaube – gestorben und auferstanden ist, dann wird Gott durch Jesus auch die Verstorbenen zusammen mit ihm zur Herrlichkeit führen … Tröstet also einander mit diesen Worten!

1 Thessalonicher 4,13–14.18

Christen stehen in ihrer Trauer nicht allein. *»Der Gott der Geduld und des Trostes« (Römer 15,5)* sagt von sich, dass er trösten will wie eine Mutter oder ein Vater ihre/seine Kinder (vgl. Jesaja 66,13). Dass der Tod nicht sinn-los bleibt, nicht ohne jede Hoffnung – darin liegt letztlich der Trost für die, die in Trauer zurückbleiben. Deshalb nennt die Bibel die Trauernden selig (Matthäus 5,4), weil sie nicht ohne Hoffnung trauern müssen. Das ist keine »billige Vertröstung« auf das Jenseits, wohl aber tröstliche Stärkung und Ermutigung im Diesseits. Der tröstende Zuspruch Gottes ist zugleich verpflichtender Anspruch für die Christen. Unter den sieben Werken christlicher Barmherzigkeit kommt der Aufforderung »Trauernde trösten«

eine zentrale Bedeutung zu. Es bedarf dieser barmherzigen Solidarität der Mitchristen, damit die Trauernden nicht unter der Last der Ohnmacht und Verzweiflung zusammenbrechen.

In der Trauer um einen verstorbenen Menschen kann nicht zuletzt das gemeinsame Gebet trösten und aufrichten. Auch die dem religiösen und kirchlichen Leben eher distanzierten Menschen erinnern sich im Trauerfall bisweilen an die tröstende Kraft der Gebete ihrer Kindheit. Ohnmächtig und hilflos gegenüber dem Tod, setzen auch sie vielleicht ihre letzte Hoffnung auf den »*Gott der Geduld und des Trostes*« *(Römer 15,5)*.

Da hörte ich die laute Stimme vom Thron her rufen: Seht, die Wohnung Gottes unter den Menschen! Er wird in ihrer Mitte wohnen und sie werden sein Volk sein, und er, Gott, wird bei ihnen sein. Er wird alle Tränen von ihren Augen abwischen: Der Tod wird nicht mehr sein, keine Trauer, keine Klage, keine Mühsal. Denn was früher war, ist vergangen.

Offenbarung 21,3–4

Trauer mit anderen

Trauer teilen, mit anderen – wie macht man das? Gut, wenn es Verwandte, Freunde, Bekannte oder auch Nachbarn gibt, bei denen man einfach traurig sein darf. Bei denen man weinen, klagen, hadern und immer wieder auch erzählen kann – ohne sich schämen zu müssen. Manchmal tut es nur gut, die Hände aufgelegt zu bekommen, umarmt und gedrückt zu werden. Und vielleicht kann man manchmal sogar miteinander beten.

Wie oft aber hat man niemanden, der oder die einen in einer solchen Situation versteht und mitempfinden kann. Hier bieten sich Treffen, Initiativen und (Selbsthilfe-)Gruppen an, wo Menschen zusammenkommen, die von einem ähnlichen Schicksal getroffen sind und auch nicht wissen, wohin mit ihrer Trauer. Vielerorts gibt es »Trauercafés« und Trauergruppen, die Zeit und Raum zum Erzählen und Zuhören anbieten. Man ist unter Seinesgleichen: Frauen und Männer, aber auch Jugendliche und Kinder, die den Tod eines geliebten Menschen und den schmerzvollen Abschied erlebt haben.

Informationen über solche Treffen und Gruppen bekommen Sie über Ihre Kirchengemeinden oder auch in der Tageszeitung bzw. im Internet unter dem Stichwort »Selbsthilfegruppen«.

Trost gibt der Himmel,
von den Menschen
erwartet man Beistand.

Ludwig Börne

Es gibt nichts, was die Lücke füllt

Es gibt nichts, was die Abwesenheit eines lieben Menschen ersetzen kann, und man soll das auch gar nicht versuchen; man muss es einfach aushalten und durchhalten; das klingt zunächst sehr hart, aber es ist doch zugleich ein großer Trost; denn indem die Lücke wirklich unausgefüllt bleibt, bleibt man durch sie miteinander verbunden. Es ist verkehrt, wenn man sagt, Gott fülle die Lücke aus; er füllt sie gar nicht aus, sondern er hält sie vielmehr gerade unausgefüllt und hilft uns dadurch, unsere Gemeinschaft miteinander – wenn auch unter Schmerzen – zu bewahren. Ferner: Je schöner und voller die Erinnerung, desto schwerer die Trennung. Aber die Dankbarkeit verwandelt die Qual der Erinnerung in eine stille Freude. Man trägt das vergangene Schöne nicht wie einen Stachel, sondern wie ein kostbares Geschenk in sich. Man muss sich hüten, in den Erinnerungen zu wühlen, sich ihnen auszuliefern, wie man auch ein kostbares Geschenk nicht immerfort betrachtet, sondern nur zu besonderen Stunden, und es sonst nur wie einen verborgenen Schatz, dessen man sich gewiss ist, besitzt; dann geht eine ausdauernde Freude und Kraft von dem Vergangenen aus.

Dietrich Bonhoeffer

Orte des Gedenkens

Gut, wenn es Orte der Trauer gibt. Sie geben Trost und erhalten das Gedenken an die Verstorbenen. Der noch immer verbreitetste Ort der Trauer ist der Friedhof, an manchen Orten auch noch Gottesacker oder Kirchhof genannt. *Friedhof* leitet sich ursprünglich vom althochdeutschen »*Frithjof*« ab, eine Bezeichnung für den einge»fried«eten Bereich um eine Kirche. Im Kirchenlatein wurden die Kirchhöfe auch »coemeterium«, Ruhestätte, genannt. Dieses Wort findet sich heute noch im französischen »cimetière«, im italienischen »cimitero« oder im englischen »cemetery«.

Christliche Friedhöfe

Im 2. und 3. Jahrhundert n.Chr. wurden die ersten Friedhöfe, ähnlich der Form, wie wir sie heute noch kennen, in den Städten gegründet. Diese »Nähe« von Lebenden und Toten wurde im 4./5. und 6. Jahrhundert n. Chr. durch die antik-heidnische Vorstellung von der Unreinheit der Toten problematisch. Die Toten wurden danach regelrecht verbannt und weit entfernt von menschlichen Siedlungen bestattet.

Nur langsam veränderte sich bei den Christen die Einstellung zu den Toten. Der Glaube an die Auferstehung führte zu einer neuen Verbundenheit mit den Toten. So wurden die Verstorbenen vermehrt in der Nähe von Märtyrern bestattet. Diese galten als heilig und waren nach dem Glauben der ersten Christen bereits unmittelbar nach ihrem Martyrium in den Himmel aufgenommen worden.

Wenn nun die Toten in der Nähe des Grabes eines Märtyrers beerdigt wurden, so wollte man sich damit seiner Fürsprache bei Gott vergewissern. Die Gräber der Märtyrer befanden sich ursprünglich auch außerhalb der Stadt. Bald wurden jedoch über ihren Gräbern Kirchen erbaut, die dann auch zur Bestattung der Christen dienten. So entstanden um diese »Märtyrer-Kirchen« die christlichen Friedhöfe. Neben den Bischofskirchen in den Städten gab es bald jeweils eine zweite Kirche über dem Grab der Märtyrer auf den Friedhöfen außerhalb der Stadt.

Die große Verehrung der Märtyrer, die Versammlung der Christen in den Kirchen über den Gräbern wie aber auch die Ausbreitung der Städte bis hinaus um die Friedhöfe, führten zur »Eingemeindung der Friedhofsbezirke«. So waren die Toten bald »die ersten Bewohner« der neuen Stadtteile.

Sie hatten nun ihren Platz mitten unter den Lebenden. Dort sollten sie ihn behalten bis ins 19. Jahrhundert hinein. Erst dann begann in den Städten wieder die Verdrängung der Toten aus der unmittelbaren Welt der Lebenden. Auf den Dörfern finden wir jedoch noch heute den Friedhof meist bei der Kirche.

Im frühen Mittelalter waren die Friedhöfe ein Teil der Stadt. Sie waren nicht nur Orte der Totenbestattung, sondern geradezu Marktplätze des Lebens. Hier wurden Geschäfte abgewickelt, aber auch Gericht gehalten. Nicht selten ging es recht fröhlich auf diesen Friedhöfen zu. Solch liebenswürdige Freude fand später hier und dort auch ihren Ausdruck in entsprechenden Grabinschriften.

Mit Humor zur letzten Ruhestatt

»Hier liegt in süßer Ruh, erdrückt von seiner Kuh, Franz Xaver Maier. Daraus sieht man, wie kurios man sterben kann.« Nicht nur die Todesarten sind kurios, sondern auch die Nachrufe, mit denen so manche Alpenländler im 18. Jahrhundert ihre Grabkreuze zierten. Auf dem Museumsfriedhof im österreichischen Kramsach sind rund 50 solcher Inschriften samt schmiedeeiserner Grabkreuze zu besichtigen: ein fröhlicher Friedhof ohne Tote.

Kurios mag dem heutigen Besucher vor allem der scheinbar respektlose Umgang früherer Generationen mit dem Tod erscheinen. Von Martin Krug ist dort zu lesen, »der Kinder, Weib und Orgel schlug« und auch von »Amtsmann Isengrimm, wog 500 Pfund, sonst weiß man nichts von ihm«. In kurzen launigen Sprüchen ist auf den alten Schrifttafeln der Lebenslauf der Toten dargestellt. Und Ehemänner, die ein Leben lang unter der Fuchtel ihrer Frau gestanden haben, kommen hier endlich zu Wort: »Hier liegt mein Weib, Gott sei's gedankt, oft hat sie mit mir gezankt, oh, lieber Wanderer, geh gleich fort von hier, sonst steht sie auf und zankt mit dir!«

Der Kramsacher Friedhof gilt als ungewöhnlichster Friedhof Europas. Errichtet hat ihn vor vielen Jahren Hans Guggenberger, ein Schmiedemeister aus Kramsach.

»Der Tod war kein Tabu«, erklärt der Meister, »der gehörte so selbstverständlich zum Leben wie die Geburt.« So klingt auch die Inschrift auf einem Kreuz von 1840: »Hier ruht Franz Josef Matt, der sich zu Tod gesoffen hat. Herr gib ihm die ewige Ruh und ein Gläsle Schnaps dazu!« Die Friedhöfe im alpenländischen Raum waren besinnliche, frohe Orte der Begegnung mit den Toten. Grabinschriften wie »Hier fiel Jakob Hosenknopf vom Hausdach in die Ewigkeit« zeugen von Frömmigkeit. Vor 300 Jahren trösteten sich die Hinterbliebenen mit der Hoffnung auf ein Wiedersehen im Jenseits: »Hier ruht Michael Wiesner und zwar nur bis zum Tag der Auferstehung.«

Lasst uns beten.
Allmächtiger, ewiger Gott
wer dich anruft,
darf auf dein Erbarmen hoffen.
Sei gnädig mit unseren verstorbenen
Schwestern und Brüdern,
die auf dem Friedhof wohnen.
Nimm sie auf in die Schar der Heiligen,
die dein Angesicht schauen,
denn sie haben im Leben und Sterben
an dich geglaubt und auf dich vertraut.
So bitten wir durch unseren Herrn Jesus Christus,
deinen Sohn,
der in der Einheit des Heiligen Geistes
mit dir lebt und herrscht in Ewigkeit.
Amen.

Columbarium

Als Columbarium werden Gebäude oder Gewölbe bezeichnet, die der Aufbewahrung von Urnen dienen. Der Name ist abgeleitet vom lateinischen »columbarium«, der Taubenschlag; »columba«, die Taube. Der Name verweist darauf, dass in den altrömischen Grabkammern die reihenweise übereinander angebrachten Nischen zur Aufnahme der Urnen einem Taubenschlag ähnelten.

Heute finden sich solche Columbarien sowohl auf als auch in der Nähe von Friedhöfen, aber zunehmend in entsprechend umgestalteten ehemaligen christlichen Kirchen.

Friedwald

Eine zunehmend sich ausbreitende Form der Bestattung ist die Beisetzung der Asche des Verstorbenen an der Wurzel eines Baumes, in einem »Friedwald«. Das ist ein entsprechend ausgewiesenes Waldstück, das von den Kommunen bereitgestellt und genehmigt ist. Die Waldpflege übernehmen die jeweiligen Forstverwaltungen.

Islamischer Friedhof

Der Islam schreibt die Bestattung der Toten in Richtung Mekka vor, sodass alle Gräber auf den islamischen Friedhöfen gleich ausgerichtet sind. Die Toten werden nicht in Särgen, sondern nur in weiße Tücher eingehüllt in die Erde gelegt. Auf dem Grab werden oft Stelen aus Stein an Kopf- und Fußende errichtet. Das Grab soll »auf ewig« erhalten bleiben – bis zur Auferstehung. Eine neue Belegung oder Umbettung ist nicht erlaubt.

Auf einigen deutschen Friedhöfen gibt es speziell abgeteilte Bereiche, auf denen eine muslimische Bestattung stattfinden kann.

Jüdischer Friedhof

Auf jüdischen Friedhöfen ist das Grab ebenfalls ein »ewiger Ruheplatz« bis zur Auferweckung. Auch hier dürfen weder die Grabsteine entfernt noch die Gräber neu belegt werden.

Die Gräber werden nicht mit Blumen geschmückt. Vielmehr legt man zum Zeichen des Gedenkens einen kleinen Stein auf den Grabstein. Dies ist eine alte Tradition aus der Zeit, da die Gräber der Israeliten in der Wüste waren und über ihnen kleine Pyramiden aus Stein errichtet wurden. Mit der Zeit drohten diese jedoch in sich zusammenzufallen. Um die Ruhe der Toten ungestört zu lassen, wurde dann bei einem Besuch jeweils ein neuer Stein auf die Grabpyramide gelegt.

Gedenkstätten im Internet

Eine neue Form des Gedenkens bietet inzwischen auch das Internet an. Etwa unter www.stayalive.com findet sich ein »Portal für digitale Unsterblichkeit« im Netz: Dort kann man nach dem Vorbild von Internet-Netzwerken, wie z. B. Facebook, ein Profil für sich oder verstorbene Angehörige oder Freunde anlegen, mit Fotos, Informationen über persönliche Vorlieben u.v.m. Über Google-Maps lässt sich ein Link zur echten Grabstätte herstellen. Oder man legt schon einmal fest, wer später per E-Mail zur Beerdigung eingeladen wird. So kann man sich frühzeitig sein eigenes Denkmal setzen.

Zeiten des Gedenkens

In früheren Zeiten wurden unmittelbar nach der Beerdigung alle Dinge, die den Schlafraum zum Totenzimmer gemacht hatten, entfernt. Ansonsten durfte in diesem Zimmer vorläufig nichts verändert werden, weil der Verstorbene bis zum 30. Tag ein Anrecht auf das Zimmer besaß. Dort brannte nachts und manchmal auch tagsüber ein Öllämpchen zum Trost der »abgeschiedenen Seele«.

Hier und dort gab es die Sitte, einen Platz am Familientisch, den der Verstorbene zu Lebzeiten eingenommen hatte, leer zu lassen. Wenn irgend möglich, ging täglich jemand aus dem Haus zur Kirche, um bei der Messe oder beim abendlichen Rosenkranz des/der Verstorbenen zu gedenken. Mancherorts beauftragte die Familie auch eine bestimmte Person – die »Dreißigstbeterin« –, im Namen der Hinterbliebenen die Fürbittenpflicht zu erfüllen.

Eine Woche nach der Beerdigung fand die Feier des siebten Tages, nach einem Monat die Feier des 30. Tages statt. Mit der Reinigung und dem Ausräuchern des Totenzimmers am 30. Tag schloss die Zeit der höchsten Trauer. Nach einem Jahr wurde noch einmal in einem Gottesdienst und im gemeinsamen Mahl des/der Verstorbenen gedacht.

Heute ist in vielen Gegenden das »Sechs-Wochen-Amt« alter Brauch. Hier trifft sich die Familie zur Gedächtnismesse – und ebenfalls nach einem Jahr zum Jahrgedächtnis. Oft wird spätestens dann jedes Zeichen der Trauer abgelegt.

Des Menschen Engel ist die Zeit.

Friedrich Schiller

Messe für Verstorbene

In katholischen Gegenden werden bis auf den heutigen Tag für die Verstorbenen »Messen bestellt«. Dahinter steht die gute Absicht, der Verstorbenen weiter zu gedenken und sie Gott zu empfehlen. In der Mitfeier der heiligen Messe bekennen die Angehörigen, Freunde und Nachbarn ihren Glauben und ihre Hoffnung: Mögen die Verstorbenen in der Gemeinschaft mit Gott leben, zu der alle Menschen einmal eingeladen sind.

»Für kein Geld der Welt« können wir jedoch das Seelenheil eines Verstorbenen erkaufen. In früheren Zeiten diente die Geldspende für die Gedenkmesse dem Unterhalt des Geistlichen und der Kirche. Beides ist heute in unseren Breiten, z. B. durch die Kirchensteuer, weitgehend gesichert. Deshalb dient die Geldspende heute vornehmlich karitativen Aufgaben der Gemeinden.

Allerseelen

Das Fest Allerseelen am 2. November geht auf den Abt Odilo von Cluny (994–1084 n.Chr.) zurück. Er bestimmte für alle seine Klöster, dass »am Tag nach dem Allerheiligenfest das Gedächtnis aller verstorbenen Gläubigen durch Messen, Psalmen und Almosen allgemein gefeiert wird«. Dieses Fest verbreitete sich dann sehr schnell in der ganzen katholischen Kirche. In vielen Gemeinden ist es Brauch, sich am Nachmittag des Allerheiligen- oder Allerseelentages auf dem Friedhof zu versammeln, um für die Verstorbenen zu beten. Dies wird oft mit einer Gräbersegnung verbunden.

Vor Allerseelen werden die Gräber neu geschmückt und die »Seelenlichter« (Kerzen) aufgestellt. Sie sollen über den Allerseelentag hinaus brennen als Symbol des »ewigen Lichtes«, das den Verstorbenen leuchten möge. Viele Angehörige kommen von weit her, um das Grab der Eltern, Partner, Geschwister oder Freunde zu besuchen.

Frühlingshell

Du bist gestorben, wie man so stirbt:
Hände gefaltet, ein wenig Schweiß,
kurzer Atem –
dann war es vorbei.

Aber, denke ich an dich,
so ist mein Zimmer frühlingshell,
und einen Augenblick lang
habe ich weniger Angst vor meinem Tod.

Franz Züsli-Niscosi

Totensonntag – Ewigkeitssonntag

Während die katholische Kirche an Allerseelen der Verstorbenen fürbittend gedenkt, kennt die evangelische Kirche den letzten Sonntag im Kirchenjahr als Totensonntag. Es ist der letzte Sonntag vor dem ersten Advent, der auch »Ewigkeitssonntag« genannt wird. Diesen Tag hatte der preußische König Friedrich Wilhelm III. 1816 als einen »Feiertag zum Gedächtnis der Entschlafenen« angeordnet, wobei er besonders an die Toten der Freiheitskriege dachte.

An der Begehung dieses Totensonntags hat sich gerade in der evangelischen Kirche immer wieder Kritik entzündet. Schließlich wollte man sich auch gegen den katholischen Seelen-Kult wenden, entsprechend der Überlieferung des Evangelisten Matthäus, wo Jesus sagt: *»Folge mir, und lass die Toten ihre Toten begraben« (Matthäus 8,22).*

So sollte jedenfalls eine Totenfeier nicht uneingeschränkt befürwortet werden. Andererseits wollte man dennoch der Toten in Ehrfurcht gedenken. So schlug man statt der Bezeichnung »Totensonntag« bald den Namen »Ewigkeitssonntag« vor, um deutlich zu machen, dass wir an diesem Tag unserer christlichen Hoffnung auf die Ewigkeit gedenken.

Zeiten des Gedenkens im Islam

Die Bestattung am gleichen Tag oder spätestens 48 Stunden nach Eintritt des Todes ist für gläubige Muslime wichtig, da die Seele erst Ruhe findet, wenn auch der Körper seine letzte Ruhestätte gefunden hat. Der Tote wird nur in ein Tuch gehüllt beerdigt. Da dies in Deutschland noch nicht in allen Bundesländern gestattet ist (Sargpflicht), wünschen sich viele Muslime die Beisetzung in ihrer alten Heimat. Die Trauerrituale sind örtlich verschieden.

Die gemeinsame Trauer mit Familie, Freunden und Verwandten ist wichtig, deshalb ist das Haus der Familien bis zum Ende der Trauerzeit geöffnet. Kondolenzbesuche finden im Islam jedoch geschlechtergetrennt statt, d.h. Männer werden von Männern besucht, die Frauen von weiblichen Verwandten, Freunden und Bekannten. Am dritten Tag nach dem Tod findet eine Trauerfeier in der Moschee statt. Danach werden keine Beileidsbekundungen mehr ausgesprochen. Am siebten Tag besuchen Familie und Verwandte gemeinsam das Grab. Am 40. Tag endet die Trauerzeit mit einem gemeinsamen Mahl und dem Besuch des Grabes.

Die Totenruhe darf im Islam nicht gestört werden, sodass muslimische Gräber nicht neu belegt oder bebaut werden dürfen. Bei einem Besuch des Grabes darf man nicht darum herumlaufen, keine Gegenstände darauf ablegen, es nicht mit der Hand oder dem Gesicht berühren und auch keine Kerzen anzünden. Es wird keine Grabpflege betrieben, wie man es von christlichen Gräbern kennt.

Der Auferstehungsglaube ist im Islam sehr wichtig, deshalb ist eine zurückhaltende Trauer vorgeschrieben, die nur eine begrenzte Zeit andauert. Auch tragen Muslime zum Zeichen ihrer Trauer keine schwarze Kleidung, nur gedeckte Farben oder die Kleider, die sie zu einem Moscheebesuch anlegen.

Zeiten des Gedenkens im Judentum

Die Trauerzeit im Judentum teilt sich in fünf Phasen, die den fünf Phasen des Heraufsteigens der Seele entsprechen. Die Gesetze des Trauerns beziehen sich dabei auf die nächsten Familienangehörigen ersten Grades: Kinder, Geschwister, Eltern und Ehepartner. Die anderen Verwandten, Freunde und Bekannten bilden den sog. äußeren Trauerkreis, sie unterstützen die Familie in ihrer Trauer durch ihren Beistand.

Die erste Phase, Aninut genannt, beginnt mit dem Eintritt des Todes und endet mit der Beisetzung. Direkt nach der Beisetzung beginnt noch am Grab die siebentägige Schiwa, die Trauerwoche, die nur vom Sabbat unterbrochen wird, da dann auch die Trauer »schweigen« soll. Diese sieben Tage sollen Hinweis sein auf den Zeitenzyklus, in dem Gott die Welt geschaffen hat. In dieser Woche verlassen die Trauernden nicht das Haus und arbeiten auch nicht. Sie werden in dieser Zeit von der Familie, Freunden und der Gemeinde besucht. Die traditionellen Trostworte, die vor dem Verlassen des Hauses gesprochen werden, sind: »Möge Gott dich mit allen Trauernden Zions und Jerusalems trösten.«

Im Haus des Verstorbenen treffen sich alle Trauernden dreimal täglich zum Gebet (Minjan). Dabei wird das Kaddisch (ein Heiligungsgebet) gesprochen und aus der Tora vorgelesen. Während der Trauerwoche werden Kerzen angezündet und die Spiegel im Haus verhängt. Die Trauernden sitzen in dieser Zeit nicht auf normalen, sondern – einer alten jüdischen Tradition entsprechend – auf niedrigeren Stühlen. Ebenso tragen sie keine Schuhe, zumindest keine aus Leder, als Zeichen des Verzichts auf Komfort und Eitelkeit. Dadurch soll eine Konzentration auf die tiefere Bedeutung des Lebens gewährleistet sein. In dieser Woche verzichten die Trauernden außerdem auf die Rasur, auf das Duschen und Baden. Sie tragen keine neue Kleidung (sondern die eingerissene Kleidung, s. S. 76) und gehen nicht zum Haare schneiden. Im Haus läuft kein Fernseher, keine Musik und es wird sich kaum unterhalten.

Alle diese Formen des Trauerns sollen ein Innehalten im Alltag verdeutlichen. In dieser ersten Woche ist die Trauer noch sehr stark, deshalb liegt der Fokus in dieser Zeit auf der Erinnerung an den Verstorbenen und das zur Ruhe kommen.

Die Schiwa, die Trauerzeit, endet nach dem Morgengebet am siebten Tag nach der Beerdigung. Die Trauernden erheben sich und kehren in die Normalität des Alltags zurück.

Noch während des Trauermonats Schloschim (gezählt ab dem Tag der Beerdigung) nehmen die Trauernden nicht an Festen (Hochzeit u.Ä.) teil, hören keine Musik, kaufen keine neue Kleidung und gehen nicht zum Frisör. War der Verstorbene ein Elternteil, werden diese Trauervorschriften ein Jahr lang eingehalten.

Während des Trauerjahres wird täglich das Kaddisch zitiert. Der erste Jahrestag der Beerdigung wird »Jahrzeit« genannt. An diesem Tag wird ebenfalls der Kaddisch gebetet, ein Licht im Hause angezündet und das Grab besucht. Viermal im Jahr wird ein besonderer Gedenktag, der Jiskor, in der Synagoge abgehalten. Dabei verlassen alle die Synagoge außer denen, die Vater und Mutter beerdigt haben.

Segen der Trauernden

Gesegnet seien alle,
die mir nicht ausweichen.
Dankbar bin ich für jeden,
der mir zulächelt
und mir seine Hand reicht,
wenn ich mich verlassen fühle.

Gesegnet seien die,
die mich immer noch besuchen,
obwohl sie Angst haben,
etwas Falsches zu sagen.

Gesegnet seien alle,
die mir erlauben,
von dem Verstorbenen zu sprechen.
Ich möchte meine Erinnerungen
nicht totschweigen.
Ich suche Menschen,
denen ich mitteilen kann,
was mich bewegt.

Gesegnet seien alle,
die mir zuhören,
auch wenn das,
was ich zu sagen habe,
sehr schwer zu ertragen ist.

Gesegnet seien alle,
die mich nicht ändern wollen,
sondern geduldig so annehmen,
wie ich jetzt bin.

Gesegnet seien alle,
die mich trösten
und mir zusichern,
dass Gott mich nicht verlassen hat …

Marie-Luise Wölfing

5. Kapitel

Glauben und Hoffen über den Tod hinaus in den Religionen

Genau wie man die Spitze eines Hauses mittels einer Leiter oder eines Bambusstabes oder einer Treppe oder eines Seiles erreichen kann, so verschieden sind die Mittel und Wege, mit denen man sich Gott nähern kann, und jede Religion in der Welt zeigt einen dieser Wege.

Sri Ramakrishna

Seit Menschengedenken gibt es die Hoffnung und die Sehnsucht: Der Tod darf nicht das Letzte sein. In *allen* Religionen finden wir Vorstellungen und Fantasien von einem Leben nach dem Tod. Einige Wissenschaftler sind der Meinung, dass die Frage nach dem Tod und dem Leben danach der eigentliche Ursprung aller Religionen sei. Ja, dass an ihrem Anfang der Glaube an eine Urgöttin steht, eine Art Hebamme, die ins Leben hilft und ins Sterben führt. Denn in vielen Kulturen wurden die Toten in der Stellung eines Embryos in einem Gefäß – vergleichbar dem Mutterschoß – beigesetzt. Sterben bedeutete Zurückkehren in den Schoß der Natur – der Mutter Gott.

Im Verlauf der Menschheitsgeschichte haben sich in den Religionen die Vorstellungen von einem Leben nach dem Tod recht unterschiedlich ausgeprägt. Sie stimmen jedoch alle darin überein, dass es ein Leben nach dem Tod gibt.

Lebenshungrig

Michelangelo sagte zu einer Gräfin:
»Ich bin 86 Jahre alt und hoffe,
bald von Gott heimgerufen zu werden.«
Die Gräfin fragte ihn:
»Sind Sie lebensmüde?«
Der große Künstler entgegnete:
»Nein, lebenshungrig!«

Der Tod in der Vorstellung der Naturvölker

Die meisten Naturvölker betrachten Leben und Sterben als einen Kreislauf der Natur. Wenn jemand stirbt, so glauben sie, wird an anderer Stelle ein Kind zur Welt kommen. Und wenn ein Kind geboren wird, stirbt irgendwo ein anderer Mensch.

Menschliches Leben und Sterben ist eng verbunden mit dem Kreislauf der Natur. Der Mensch ist ein Teil dieser Erde. Und diese Erde ist heilig.

Ich bin von der Erde
Sie ist meine Mutter
Sie gebar mich mit Stolz
Sie zog mich auf mit Liebe
Sie wiegte mich am Abend
Sie schob den Wind herbei und ließ ihn singen
Sie errichtete mir ein Haus aus harmonischen Farben
Sie nährte mich mit den Früchten ihrer Felder
Sie belohnte mich mit der Erinnerung an ihr Lächeln
Sie bestrafte mich mit dem Dahinschwinden der Zeit
Und am Ende
wenn ich mich danach sehne
fortzugehen
wird sie mich umarmen
für alle Ewigkeit.

Pawnee-Otoe-Indianerin Anna L. Walters

Der Tod bei den Ägyptern

Reise zum himmlischen Sonnengott

Die Ägypter behandelten ihre Toten besonders ehrfürchtig, weil sie glaubten, dass die Lebenskraft auch im Leichnam fortlebte. Die Leichen wurden deshalb sorgfältig einbalsamiert, um sie vor der Verwesung zu schützen. Außerdem versorgte man die Toten mit Hausgeräten und Nahrung. Denn nach ihrem Glauben reiste der Tote in einem Sonnenboot zum himmlischen Sonnengott. Dort vor dem Richter entschied eine Waage über sein Schicksal. In der einen Waagschale lag ein Bildnis der Wahrheitsgöttin, auf die andere wurde das Herz des Toten gelegt. Nur dem wurde ein unsterbliches Leben zuteil, der in seinem Leben auf Erden gut war.

Für die Ägypter waren damals nur diejenigen gut, die in ihrem Leben auch reich und angesehen waren. Die Leichen der Ärmeren wurden in Natron gelegt, dann in ein einfaches Tuch gehüllt und im Boden verscharrt. Ihre Angehörigen konnten die hohen Kosten für die Einbalsamierung und das Felsengrab nicht aufbringen. Allem Anschein nach war das Fortleben nach dem Tod ein Privileg der Reichen und Mächtigen. Die weltweit bekannten Pyramiden sind die Gräber ägyptischer Könige, deren Bedeutung und Ruhm über den Tod hinaus im Volke weiterleben sollte.

Der Tod bei den Germanen

Übergang zu neuer Lebensfreude

Auch die Germanen bestatteten ihre Toten mit Waffen, Werkzeugen und Hausgeräten, weil sie ebenfalls an ein Fortleben der Toten glaubten. Dies galt insbesondere für die tapferen Helden des Krieges. Ihrem Glauben gemäß erwarteten diese Helden nach ihrem (frühen) Tod ein fröhliches Leben. Am Tag nach der Bestattung hielten alle Sippengenossen ihnen zu Ehren ein großes Mahl. Die Trauer ging über in Lebensfreude.

Zu bestimmten Zeiten kehrte man wieder ans Grab zurück. So an den Tagen, an denen die Ernte eingebracht worden war. Dann lud man die Toten gleichsam zu einem gemeinsamen Mahl ein, um sich ihres Wohlwollens und Schutzes für Haus und Hof zu vergewissern. Ihnen wurden bestimmte Plätze freigehalten; die Toten sollten sozusagen mit am Tisch sitzen.

Diesem Brauch folgend, entstanden im Mittelalter die großen Feste auf den Friedhöfen. Später entwickelte sich aus diesem gemeinsamen Fest für die Toten in den christlichen Kirchen das jährliche Allerseelenfest – das Fest des Gedenkens der Verstorbenen.

Der Tod bei den Griechen

Schatten in der Unterwelt

Im Glauben der Griechen brachte ein Fährmann mit Namen Charon die Toten über den schwarzen Fluss Styx. Man legte den Verstorbenen ein Geldstück in den Mund als Wegegeld für den Fährmann.

Nach der Überfahrt konnte sich der Tote an nichts mehr aus seinem Leben erinnern, weder an Glück und Freude noch an Sorge und Leid. Der Tote war ein Wesen ohne Erinnerung an die eigene Lebensgeschichte – ähnlich dem Schatten des lebenden Menschen. Nur dieser Schatten lebte weiter, während der Mensch selbst in seiner Lebensgeschichte verging. Kam der Tote nach der Überfahrt vor dem Totenreich an, so wartete dort der Höllenhund Zerberus. Er bewachte den Einlass und verwehrte jedem die Rückkehr. Die Toten lebten als Schatten im Reich des Hades, des Königs der Unterwelt, weiter.

Der Tod im Hinduismus

Wiedergeborenwerden bis zur endgültigen Einheit mit dem Weltgeist Brahman

Der Hinduismus ist die Religion der Inder, die im ersten Jahrtausend vor Christus aus dem Brahmanismus entstanden ist. Zu ihm bekennen sich heute etwa 900 Millionen Menschen. Die Hindus verehren viele Götter. Die höchste Gottheit ist Brahman, in ihm vereinigen sich alle Götter.

Die Hindus glauben, dass sie so viele Male wiedergeboren werden, bis sie gut genug sind, endlich mit Brahman eins zu sein. Dann erst sind sie erlöst. Bis dahin werden sie je nach Lebenswandel nochmals in einem neuen Leben wiedergeboren. Die Seele verbessert oder verschlechtert sich im nächsten Leben, je nachdem, wie sie im vorhergehenden Leben gelebt hat.

So glauben die Hindus, dass ihre Seele solange durch Pflanzen, Tiere und Menschen wandert, bis sie gut genug ist, um endlich bei Gott zu sein. Diese Vorstellung haben sie der Beobachtung der Natur entnommen, in der das Leben immer wiederkehrt. Wie eine Raupe zum Schmetterling und das Schmetterlingsei zur Raupe wird, so wird das Leben immer wieder neu geboren. Der Tod ist folglich eine Station auf dem Weg, ein Durchgangsstadium bis zum endgültigen Einswerden mit dem Weltgeist.

Ein Hindu, der weiß, dass er bald sterben muss, wird – wenn eben möglich – in die Stadt Benares reisen, um sich im Ganges seine Sünden abzuwaschen. Er tut das in der Hoffnung, im kommenden Leben in ein besseres Leben wiedergeboren zu werden. Verstorbene werden am Ganges auf eine Bahre gelegt und zum Verbrennungsplatz getragen. Dort wird der Scheiterhaufen errichtet und der Körper unbekleidet daraufgelegt: Der Mensch muss die Welt so nackt verlassen, wie er sie betreten hat. Dabei werden Verse aus dem Heiligen Buch der Hindus, dem Rigweda, gesprochen:

»Seele des Verstorbenen, fahr dahin, zieh deines Weges – des alten Weges – den unsere Vorfahren vor dir gegangen; schau zu den beiden Königen, den Mächtigen, Varuna und Yama, die sich erfreuen an Opfergaben; mögest du vereint werden mit den Vätern und den Lohn empfangen für alle deine Opfergaben, die dort oben gehäuft sind. Kehre wieder zurück in deine Heimat; nimm eine herrliche Gestalt an.«

Der Tod im Buddhismus

Wunschlosigkeit im Nirwana

Zum Buddhismus bekennen sich etwa 450 Millionen Gläubige, vor allem in Hinterindien, Tibet, China, Japan und Sri Lanka. Sein Gründer ist Buddha (560–480 v.Chr.), ein indischer Fürstensohn, der sich mit 29 Jahren aus dem weltlichen Leben zurückzog, Frau und Kind verließ und die gelbe Kutte eines Mönchs anzog. Er lebte danach ein Leben der Entsagung und kam so gleichsam zur Erleuchtung.

Auch der Buddhismus kennt die Vorstellung der Wiedergeburt. Der Mensch wird so oft wiedergeboren, wie er noch nicht zu einer wirklichen Selbstlosigkeit gefunden hat. Nur so kann er dem Leiden entfliehen. Ursache allen Leides in der Welt ist nach der Lehre Buddhas die Lebensgier. Heilung kann also nur durch Entsagung erfolgen. Nur der wunschlose Mensch, der nichts mehr will, weder Himmel noch Erde, weder Leben noch Tod, weder Freude noch Leid, wird nichts mehr verlieren können. So ist eben das Nichts die höchste Erlösung, das Nirwana.

Wer erkannt hat, von den Dingen der Welt und seinen egoistischen Wünschen abzusehen, der ist erlöst. So ist der Tod, der den Menschen alles wegnimmt, was er krampfhaft festhält, der beste Prediger der Wunschlosigkeit: Er lehrt, loszulassen und darüber gelassen zu werden. Deshalb ist für buddhistische Mönche die Erinnerung des Todes von großer Bedeutung. Sie werden angewiesen, sich auf einem Friedhof oder in einem Grab niederzulassen und über die Asche der Körper, die verbrannt worden sind, und über die Leichen, die dort in verschiedenen Stadien des Verfalls liegen, nachzudenken und zu meditieren.

Dies, ihr Mönche, sind die vier edlen Wahrheiten. Welche vier?
Das Leiden, die Entstehung des Leidens, die Aufhebung des Leidens und der zur Aufhebung des Leidens führende Weg.

Buddha in seiner berühmten »Predigt von Benares«

Der Tod im Judentum

Die Toten schlafen

Zum Judentum bekennen sich heute etwa 13 Millionen Glaubende. Für den Juden bedeutet der Tod kein endgültiges Scheiden. Deshalb sind die Namen des Todesortes auch keine Bezeichnungen der Trauer und des Endes. Im Gegenteil: Der Friedhof wird im Judentum als »Haus des Lebens« bezeichnet. Manchmal wird er auch »Guter Ort« genannt. Nur in Israel hat sich heute die weltliche Bezeichnung »Ort der Gräber« durchgesetzt. Die Toten »schlafen« im Staub der Erde, bis sie von Gott aufgrund seines großen Erbarmens wiederbelebt werden. Dadurch verliert der Tod – so schmerzlich auch das Sterben eines lieben Menschen empfunden wird – seine Schrecken. Der Begräbnisort deutet auch auf die kommende Welt und auf die Auferstehung der Toten hin.

Der jüdische Begräbnisort gilt als Ruheplatz des Verstorbenen in der »Weltzeit«, d. h. bis zum Kommen des Messias. Während das Christentum als übliche Ruhezeit bis zur vollständigen Verwesung der Toten den Zeitraum von 20 bis 25 Jahren akzeptiert, bleibt das jüdische Grab für alle Zeit bestehen. Deshalb darf im Normalfall der jüdische Friedhof nicht verlegt, veräußert oder bebaut werden. Die Ehrfurcht vor dem Tod und den Toten wird nur durch die vor dem Leben und den Lebenden übertroffen.

Nicht die Toten preisen den Ewigen,
nicht die, die in die tiefste Stille sanken.

Psalm 115,17

Die letzten Liebesdienste, die die jüdische Gemeinschaft dem Toten erweist, sind die Leichenwäsche und die Begleitung zum Begräbnisort. Die Leiche wird in einen rohen, schmucklosen Holzsarg gelegt, den man sogleich verschließt. Alles, was dem Toten in seinem Leben wichtig war, wird mit ihm bestattet. Die Begleitung zum Grab gehört zur heiligen Pflicht des Juden.

Gebet der Juden am Grab

Gelobt seist du,
Ewiger, unser Gott, König der Welt,
der euch geschaffen hat in Gerechtigkeit,
der euch gespeist und genährt hat in Gerechtigkeit,
der euch sterben ließ in Gerechtigkeit,
der euer aller Zahl kennt in Gerechtigkeit
und der euch einst wiederbeleben wird
in Gerechtigkeit!
Gelobt seist du, Ewiger,
der du die Toten wiederbelebst!

Der Tod im Islam

Pforte zum Paradies

Der Islam ist die jüngste der großen Weltreligionen und sowohl vom Judentum als auch vom Christentum beeinflusst. Er geht auf den Propheten Muhammad zurück (569–632 n.Chr.). Dem Islam gehören heute etwa 1,57 Milliarden Gläubige an.

Das Wort Islam bedeutet »Unterwerfung, Hingabe«. Gott (arab. Allah) fordert die Erfüllung seiner Gebote. Er richtet die Menschen nach deren Taten.

Wer sein Angesicht Allah hingibt und Gutes tut,
der hat seinen Lohn bei seinem Herrn.

Sure 2:112

Der Sünder jedoch wird aufgrund mangelnder Verdienste in die ewige Feuerspein gestoßen. Im Tod zieht Allah das Fazit aus dem Ertrag des Lebens. Für die Beurteilung des Menschen im Weltgericht gilt vor allem die Befolgung der fünf Grundgesetze des Islams. In einem Bild ausgedrückt bedeutet dies: Unser Leben ist der Weg zum Paradies. Wenn wir regelmäßig zu Allah beten, liegt der halbe Weg hinter uns. Wenn wir fasten, kommen wir bis zur Pforte des Paradieses. Wenn wir armen Menschen Almosen geben, wird uns der Eingang geöffnet. Wenn sich der Mensch für seinen Glauben an Allah eingesetzt hat und einmal im Leben zum Heiligtum nach Mekka gepilgert ist, dann wird er nach seinem Tod im Paradies weiterleben.

Das Paradies stellen sich die Muslime als einen wunderschönen, schattigen Garten vor, in dem ewiger Frühling herrscht. Sie hoffen, von Allah mit ewiger Freude belohnt zu werden.

Nach seinem Tod wird der Muslim in ein Grab gelegt – das Gesicht Mekka zugewandt. Derjenige, der in das Grab hinabsteigt, um den Verstorbenen dort zu betten, muss barfuß und barhäuptig sein, seine Kleider aufknöpfen und sprechen:

Im Namen Allahs.
Gott gib,
dass dieser Tote
mit seinem Prophet vereinigt wird.
Gott, wenn er ein Wohltäter war,
vermehre seine Wohltätigkeit,
wenn er schlecht gehandelt hat,
vergib ihm,
hab Erbarmen mit ihm
und lass ihm seine Sünden nach.

Mit Ausnahme der Märtyrer und anderer, die unmittelbar nach dem Tod ins Paradies eintreten, warten die Toten in ihren Gräbern auf die Auferstehung und das Weltende.

6. Kapitel

Glauben und Hoffen über den Tod hinaus im Christentum

Nicht mutig

Die Mutigen wissen
Dass sie nicht auferstehen
Dass kein Fleisch um sie wächst
Am jüngsten Morgen
Dass sie nichts mehr erinnern
Niemandem wieder begegnen
Dass nichts ihrer wartet
Keine Seligkeit
Keine Folter
Ich
Bin nicht mutig.

Marie Luise Kaschnitz

Was meint Auferstehung der Toten?

Christen bekennen im Apostolischen Glaubensbekenntnis:
»Ich glaube an die Auferstehung der Toten und das ewige Leben.«

Was aber meint »Auferstehung der Toten«?
- Weiterleben als Geist?
- Trennung der Seele vom Körper?
- Leben als Schatten?
- In Gedanken und Worten lebendig bleiben?
- In den Nachkommen weiterleben?
- Wiedergeboren werden?

Vor diesen Fragen standen auch die Juden, die Zeit- und Glaubensgenossen Jesu. Viele von ihnen hofften auf die Auferstehung, ohne sie sich vorstellen zu können. Unterschiedliche Vorstellungen widersprachen sich. Die Glaubensrichtung der Pharisäer etwa stand gegen die der Sadduzäer. So gab es auch damals Versuche, die Verkündigung Jesu von der Auferstehung der Toten ins Lächerliche zu ziehen.

Von den Sadduzäern, die behaupteten, es gebe keine Auferstehung, fragten einige Jesus nach einer Frau, die nacheinander sieben Männer verloren hatte. »Wessen Frau wird sie nun bei der Auferstehung sein? Alle sieben haben sie doch zur Frau gehabt.« Jesus sagte zu ihnen: »Ihr irrt euch, ihr kennt weder die Schrift noch die Macht Gottes. Wenn nämlich die Menschen von den Toten auferstehen, werden sie nicht mehr heiraten, sondern sie werden sein wie die Engel im Himmel. Dass aber die Toten auferstehen, habt ihr das nicht im Buche Mose gelesen, in der Geschichte vom Dornbusch, in der Gott zu Mose spricht: Ich bin der Gott Abrahams, der Gott Isaaks und der Gott Jakobs? Er ist doch nicht ein Gott von Toten, sondern von Lebenden. Ihr irrt euch sehr.«

Nach Markus 12,23-27

Jesus macht deutlich, dass es eine Auferstehung von den Toten gibt. Eine Auferstehung des ganzen Menschen, nicht nur eines Teiles von ihm. Jedoch werden wir Menschen dann »anders« sein. Aber wie, das wird wohl *die* Frage bleiben.

Hab ein wenig Geduld

Newton ging an einem Ostermorgen mit seinen Schülern spazieren. Sie kamen an einem Friedhof vorbei. Da sprach einer der Schüler in leichtem Spott: »Meister, wer kann glauben, dass der Staub dieser Toten je wieder zu einem Leib und Leben geformt werden soll?« Newton antwortete nur: »Hab ein wenig Geduld!« Während der nächsten Physikstunde ließ sich der Meister u.a. auch eine Handvoll Eisenstaub bringen, mengte ihn unter Erdenstaub und fragte den Spötter: »Wer sammelt diese Stäubchen Eisen wieder aus dem Staub der Erde?« Als der Schüler keine Antwort wusste, nahm Newton einen Magneten und hielt ihn über die Mischung. Im selben Augenblick kam Leben und Bewegung in den Staub, d. h. im Nu flogen sämtliche Eisenteile dem Magneten zu!
Ernst sah der Meister den Spötter und die übrigen Schüler an und sprach: »Der solche Kraft dem toten Magneten gab, wird er nicht Größeres unserer Seele geben, wenn sie einstens am Auferstehungstag der Umkleidung durch den verklärten Staub bedarf?«

Es wird nicht der gleiche Körper sein, wie wir ihn jetzt haben. Denn dieser ist sterblich. Es wird ein »unsterblicher« Leib sein. Aber wie können wir uns diesen Leib vorstellen? Wie sollen die Milliarden Menschen der Menschheitsgeschichte in einem ewigen Leben weiterleben? Wo wäre Platz für sie?

Viele Fragen, so manche Zweifel, aber auch große Hoffnungen!

Mitmenschen

Ein Mensch schaut in der Straßenbahn
Der Reihe nach die Leute an:
Jäh ist er zum Verzicht bereit
Auf jede Art Unsterblichkeit.

Eugen Roth

… die schwirren alle oben rum

Aber man kann mir doch nicht erzählen, dass die da alle leben, da oben, und das muss ja furchtbar überbesetzt sein, wie viele Leute da oben rumschwirren. Wenn man im Krieg gewesen ist, und wenn man gesehen hat, wie Hunderttausende von Menschen umgebracht worden sind: Die schwirren alle oben rum? Das ist doch nicht möglich. Außerdem glaube ich auch nicht an eine höhere Macht, oder die höhere Macht ist meschugge.

Marlene Dietrich

Der französische Philosoph Jean-Paul Sartre soll auf seinem Sterbebett von einem Freund gefragt worden sein, ob er nicht doch an ein Leben nach dem Tod glaube. Entgegen seiner häufig vorgetragenen Auffassung, dass mit dem Tod alles aus sei, soll er geantwortet haben: »peut-être« – vielleicht.

Vielleicht denken viele Menschen so, auch diejenigen, für die ein Leben nach dem Tod zunächst ohne große Bedeutung ist. So unterschiedlich die Menschen, so verschieden auch ihre Meinung zum »Leben nach dem Tod«. Die einen können nicht daran glauben oder wollen es nicht, die anderen wiederum glauben fest daran oder hoffen es zumindest. Unser Denken ist begrenzt auf Raum und Zeit. Deshalb tun wir uns so schwer mit dem »ewigen Leben«.

Was dürfen wir hoffen?

Von Anfang an hat auch Christen die Frage nach der Art und Weise des Lebens nach dem Tod beschäftigt. Aus einer der ersten Christengemeinden in der Hauptstadt Korinth ist uns folgendes Gespräch zwischen Paulus und den Gemeindemitgliedern überliefert:

Nun könnte einer fragen: Wie werden die Toten auferweckt, was für einen Leib werden sie haben? Was für eine törichte Frage! Auch das, was du säst, wird nicht lebendig, wenn es nicht stirbt. Und was du säst, hat noch nicht die Gestalt, die entstehen wird; es ist nur ein nacktes Samenkorn, z. B. ein Weizenkorn oder ein anderes. Gott gibt ihnen die Gestalt, die er vorgesehen hat, jedem Samen eine andere. Auch die Lebewesen haben nicht alle die gleiche Gestalt. Die Gestalt der Menschen ist anders als die der Haustiere, die Gestalt der Vögel anders als die der Fische. Auch gibt es Himmelskörper und irdische Körper. Die Schönheit der Himmelskörper ist anders als die der irdischen Körper. Der Glanz der Sonne ist anders als der Glanz des Mondes, anders als der Glanz der Sterne; denn auch die Gestirne unterscheiden sich durch ihren Glanz. So ist es auch mit der Auferstehung der Toten. Was gesät wird, verwest, was auferweckt wird, ist unverweslich. Was gesät wird, ist armselig, was auferweckt wird, herrlich. Was gesät wird, ist schwach, was auferweckt wird, ist stark. Gesät wird ein irdischer Leib, auferweckt ein überirdischer Leib.
Wenn es einen irdischen Leib gibt, gibt es auch einen überirdischen …
Damit will ich sagen, Brüder: Fleisch und Blut können das Reich Gottes nicht erben; das Vergängliche erbt nicht das Unvergängliche.

1 Korinther 15,35-44.50

In dieser Antwort macht Paulus deutlich: Wir können uns nicht genau vorstellen, wie aus unserer jetzigen Gestalt, die vergänglich und sterblich ist, eine unvergängliche und unsterbliche werden kann. Hier hilft keine Wissenschaft weiter, allenfalls helfen Bilder und Gleichnisse. Sie lassen uns etwas vom Geheimnis ahnen.

»Was wird mit uns geschehen, wenn wir durch die Tür des Todes geführt worden sind? … Was wir glauben, können wir einander nur schwer vorzeigen. Aber nun gilt auch hier, was überall in unserem Leben gilt: Was wir nicht erklären und vorzeigen können, das drücken wir in Bildern aus. Und so ist alles, was die Menschheit je über das Leben auf der anderen Seite sagen konnte, ein einziges buntes Bilderbuch …«, schreibt der bekannte evangelische Theologe Jörg Zink.

So ein Bild ist das Gleichnis vom *Samenkorn*. In seiner Gestalt muss es sterben, damit etwas anderes, etwas großartig Neues aus ihm heraus erwachsen kann. So geht unser neues Leben aus dem jetzigen Leben hervor. Der alte Mensch stirbt – ein neuer, unsterblicher Mensch lebt auf. Es ist wirklich neues Leben – nicht nur im Geist, sondern mit Leib und Seele. Durch den Tod hindurch führt ein Tor zum Leben, zu einem Leben in der Gemeinschaft mit Gott.

Ich sterbe nicht,
ich trete in Leben ein.

Theresia von Lisieux

Kann man das glauben?

Wie oft ist zu hören: Es ist noch niemand wiedergekommen aus dem Reich der Toten. Das stimmt für alle Menschen – außer für Jesus. Die Geschichte Jesu ist uns aus der Bibel bekannt. Er wusste Menschen anzusprechen und erzählte ihnen, dass es nicht sinnlos sei zu leben. Immer wieder sagte er: »Das Reich Gottes ist nahe.« Dabei richtete er sich vor allem an jene Menschen, die nicht so recht glauben konnten, die verzweifelt waren, die Gesetze und vorgeschriebene Gepflogenheiten brachen. Er wandte sich zudem an die Kranken – und nicht zuletzt an die Toten. Von drei Toten wird ausführlich berichtet, dass er sie ins Leben zurückgerufen hat, einen – Lazarus – sogar aus dem Grab.

So lebte Jesus einige Jahre, bis er denen, die damals die Macht innehatten, gefährlich wurde. Sie ließen ihn gefangen nehmen, foltern und kreuzigen. Dieser Tod gab seinen Gegnern offensichtlich recht: Er starb, von Gott und der Welt verlassen. Seine Anhänger waren enttäuscht. All ihre Hoffnungen, die sie auf ihn und sein Leben gesetzt hatten, schienen auf einen Schlag vernichtet. Resignation, Trauer und Angst befiel sie. Einer von ihnen sagte: *»Wir hatten doch gehofft, dass er es sei, der Israel erlösen würde« (Lukas 24,21).*

Aber sie erfuhren schon bald, dass sich die Verheißung Gottes in Jesus Christus erfüllte: Jesus, der Mensch aus dem Grab, lebt! Die alte Sehnsucht, dass ein Mensch wiederkomme aus dem Grab, hatte sich erfüllt. Die Frauen, die damals zum Grab gingen, haben es als erste bezeugt, dann die Apostel und später noch andere Anhänger. Und seither – seit über 2000 Jahren – verlassen sich die Christen auf diese Zeugnisse.

1.
es ist
aus
gestanden
eine Antwort
steht noch immer
aus

2.
er ist
auf
erstanden
auf sein Wort hin
steh auch ich nun
auf

Hans-Werner Kube

Jesus Christus ist wiedergekommen aus dem Reich des Todes. Er ist auferstanden.

Kann man das glauben? Der Apostel Paulus sagt dazu:

Wenn aber verkündigt wird, dass Christus von den Toten auferweckt worden ist, wie können dann einige von euch sagen: Eine Auferstehung der Toten gibt es nicht? Wenn es keine Auferstehung der Toten gibt, ist auch Christus nicht auferweckt worden. Ist aber Christus nicht auferweckt worden, dann ist unsere Verkündigung leer und euer Glaube sinnlos (…) Wenn wir unsere Hoffnung nur in diesem Leben auf Christus gesetzt haben, sind wir erbärmlicher dran als alle anderen Menschen. Nun aber ist Christus von den Toten auferweckt worden als der Erste der Entschlafenen. Da aber durch einen Menschen der Tod gekommen ist, kommt durch einen Menschen auch die Auferstehung der Toten.

1 Korinther 15,12-14.19-21

Mit der Auferstehung steht und fällt der Glaube der Christen. Wäre Christus nicht auferstanden, dann wäre er allenfalls eines von vielen Vorbildern für ein gutes, rechtschaffenes und anständiges Leben. Dann ließe er uns allerdings zurück mit all unseren Fragen um Leben und Tod: Warum wir (so) leben sollten, und warum wir sterben müssen.

Ich bin die Auferstehung
und das Leben.
Wer an mich glaubt,
wird leben,
auch wenn er stirbt.

Johannes 11,26

Christen wären in der Tat erbärmlicher dran als alle anderen Menschen, die solche Fragen für überflüssig, ja abwegig halten. Wenn Christus nicht auferstanden wäre, so meint Paulus, sollten wir uns lieber zu jenen gesellen, die das Leben nur hier und jetzt genießen nach dem Motto: »*Lasst uns essen und trinken, denn morgen sind wir tot*« (*1 Korinther 12,32*).

- Unser Glaube steht und fällt damit, dass Jesus Christus aus dem Reich der Toten wiedergekommen und auferstanden ist.
- Unser Glaube steht und fällt damit, dass er der Erste war, der wiedergekommen ist und uns verheißen hat, dass wir ihm nachfolgen werden.
- Unser Glaube steht und fällt damit, dass jeder von uns sterben, aber wie Christus auch auferstehen wird.

Das Zeichen

***Freunde, dass der Mandelzweig
wieder blüht und treibt,
ist das nicht ein Fingerzeig,
dass die Liebe bleibt.***

***Freunde, dass der Mandelzweig
sich in Blüten wiegt,
bleibe uns der Fingerzeig,
wie das Leben siegt.***

Schalom Ben-Chorin

Der echte Glaube *spricht:*
Ich weiß nichts vom Tod, aber ich weiß,
dass Gott die Ewigkeit *ist,*
und ich weiß dies noch,
dass er mein Gott *ist.*

Martin Buber

Als »ganzer« Mensch auferstehen

In früheren Zeiten hatte die christliche Tradition eine Reihe von Bildern zur Hand, mit denen sich die Menschen das Schicksal nach dem Tod zu erklären versuchten. Diese Bilder beruhten weitgehend auf den Weltbildern der Antike und des Mittelalters. Sie prägten jedoch lange Zeit die Vorstellungen der Menschen, ihre Hoffnungen und ihre Ängste:

- Im Augenblick des Todes trennt sich die Seele vom Leib.
- Die Seele tritt vor Gott, und Gott richtet den Menschen nach dem, was er an Gutem und Bösem in seinem Leben getan hat. Wichtig waren hier vor allem sein Glaube und sein Handeln unmittelbar vor dem Tod.
- Die Seelen der schwer Schuldigen werden in die Verdammnis, in die Hölle gestoßen. Dort sind sie den Qualen und Folterungen des Teufels ausgeliefert. Sie leiden unter der Gottesferne. Wer dagegen in der Gnade Gottes und im rechten Glauben gestorben ist, gelangt unmittelbar in den Himmel, zur Anschauung Gottes und nimmt Teil am Glück der Engel und seligen Geister.
- Die Menschen, die zwar schuldig, aber nicht mit schwerer Schuld gestorben sind, kommen in einen Reinigungsort: das Fegefeuer. Dort erleiden sie Qualen und Not, aber nach kurzer Zeit kommen auch sie in den Himmel.
- Am Ende aller Zeiten findet ein großes allgemeines Gericht über alle Menschen statt. Jetzt werden die Leiber der Verstorbenen wieder mit der Seele vereinigt. Das ist die endgültige »Auferstehung des Fleisches«.
- Bei diesem großen Weltgericht führt Gott die Menschheit zu einer großen Gemeinschaft zusammen. Die gesamte Schöpfung wird umgewandelt in eine neue Welt Gottes.

Viele dieser Vorstellungen sind uns heutigen Menschen fremd geworden. Wir stellen uns das Jenseits des Todes weder so schrecklich noch so beglückend vor. Vor allem die ältere Generation hat solche Bilder aus ihrer Kinderzeit noch stark verinnerlicht und oft genug damit zu kämpfen.

Auferstehung heißt,
dass der ganze Mensch zu Gott gelangt,
der ganze Mensch mit all seinen Erfahrungen
und mit seiner ganzen Vergangenheit,
mit seinem ersten Kuss
und mit seinem ersten Schnee,
mit all den Worten, die er gesprochen,
und mit all den Taten, die er getan hat.

Gerhard Lohfink

Nicht etwas von uns wird auferstehen, nicht die Seele allein, sondern jede und jeder einzelne als »ganzer Mensch«, als geschichtliche Persönlichkeit. »Auferweckung des Leibes heißt, dass der Mensch bei Gott nicht nur seinen letzten Augenblick wieder findet, sondern seine Geschichte.«

Wilhelm Breuning

Die Bibel kennt keine Trennung von Leib und Seele. Von den Verstorbenen heißt es, *»sie werden auferweckt werden« (1 Korinther 15,22)*. Dem Schächer am Kreuz sagt Jesus: *»Heute noch wirst du mit mir im Paradies sein« (Lukas 22,43)*. Wenn in der Bibel von der *Seele* die Rede ist, dann ist immer der *ganze Mensch* gemeint.

Jedoch müssen wir gleichzeitig eingestehen, dass wir nicht wissen, wie ein solch ewiges Leben aussehen wird. Darüber müssen wir schweigen. Wir wissen es einfach nicht.

Wach auf, du Schläfer, und steh auf von den Toten, und Christus wird dein Licht sein.

Epheser 5,14

Es ist gut, wenn man lernt zu leben, in der festen Hoffnung auf die Auferstehung und zugleich mit dem Nicht-wissen um das genaue Wie. Aber wie sollen wir dann davon sprechen? Halten wir uns an die Sprache der Schrift: Sie sind entschlafen. Sie werden neu leben. Sie sind in die Wohnung des Herrn eingezogen. Sie warten. Sie sind dabei, auferweckt zu werden. Sie fangen an, bei Gott zu leben. Solche Worte geben Gottes Botschaft wieder. So können wir es auch den Kindern sagen.

Aus dem Holländischen Katechismus

»Mitten im Tode sind wir mit dem Leben umfangen«, so hat Martin Luther den Text eines mittelalterlichen Kirchenliedes umgestellt. Er wollte damit sagen: Seit dem Tod und der Auferstehung Jesu Christi ist der Tod nicht mehr endgültig, sondern vom Leben umfangen. Deshalb nennt Luther die Toten lieber »Schläfer«. Auch die Heilige Schrift spricht häufig vom Tod als einem »Schlaf«.

In Christo ist der Tod nicht ein Tod, sondern ein feiner, süßer, kurzer Schlaf, in dem wir von diesem Jammer, Not und Angst und allem Unglück dieses Lebens entledigt, süß und sanft einen kleinen Augenblick ruhen sollen … bis die Zeit kommt, dass er uns mit all seinen lieben Kindern zu seiner ewigen Herrlichkeit und Freude aufwecken und rufen wird.

Martin Luther

Der Tod ist nichts Endgültiges. Wir Christen, so meint Luther, »sollen uns üben und gewöhnen im Glauben, den Tod zu verachten und als einen tiefen, starken, süßen Schlaf anzusehen, den Sarg nicht anders, denn als unseres Herrn Christi Schoß oder Paradies«. Wer schläft, ist nicht endgültig tot, sondern wird wieder aufstehen.

So ist auch der Zustand des Menschen nach dem Tod nur etwas Vorläufiges, sozusagen ein Zwischenzustand. Der Mensch wird wieder aufwachen in einem Zustand der Vollendung im Reich Gottes.

Gericht: Gott … richtet auf

Gottes Gericht ist nicht mit einem weltlichen Gericht zu vergleichen. Im weltlichen Gericht werden Vergehen geahndet und mit Strafe vergolten. Gottes Gerichte hingegen sind Gnadengerichte, die nicht hinrichten, sondern aufrichten.

Dabei nimmt Gott unsere Freiheit ernst, selbst die Freiheit des Menschen im Augenblick des Sterbens, auch wenn es zum Tod keine Alternative gibt. Wie und wofür wir uns im Leben entscheiden, ist Gott jedoch nicht »gleich-gültig«. Gericht hat auch mit Gerechtigkeit zu tun. Die Botschaft vom Gericht Gottes greift diese urmenschliche Sehnsucht auf: Gutes wie Böses, Gelingen wie Scheitern soll gerecht »gerichtet« werden.

Gott ist kein penibler Buchhalter, der uns dann völlig überraschend unsere guten und bösen Taten vorhalten wird. Gott ist kein richtender Gott, der uns belohnen oder bestrafen will. Gott ist ein liebender Gott. Darin besteht letztlich das Gericht Gottes: Im Tod werden wir durch seine Liebe sozusagen entwaffnet.

Dann können wir ganz zu uns selbst stehen, zu dem, was wir gewesen sind. Zu unseren Fehlern und Schwächen, zu Sünde und Schuld, zu unseren Erfolgen und Leistungen, zu unseren Träumen und Sehnsüchten! Wir erkennen uns selbst, so wie wir wirklich sind – frei von allen Fesseln der Zeit, von allen gesellschaftlichen Zwängen und allen möglichen Umständen.

Wenn Gott den Menschen misst,
legt er das Maßband nicht um den Kopf,
sondern um das Herz.

Sprichwort aus Irland

An jenem Tage

An jenem Tage
der kein Tag mehr ist –
vielleicht wird er sagen:

Was tretet ihr an
mit euren Körbchen voller Verdienste,
die klein sind wie Haselnüsse
und meistens hohl?
Was wollt ihr
mit euren Taschen voller Tugenden,
mit denen ihr gekommen seid
aus Mangel an Mut,
weil euch die Gelegenheit fehlte
oder
durch fast perfekte Dressur?

Habe ich euch
davon nicht befreit?
Wissen will ich:
Habt ihr die anderen
angesteckt mit Leben?

Joachim Dachsel

Himmel – Einladung in das Reich Gottes

»Ich glaube das alles nicht so recht«,
sagte der soeben Verstorbene zu dem Engel,
der ihn in den Himmel führte.
»Macht nichts, komm nur«,
sagte der Engel freundlich.

Der »Himmel« war schon in früheren Vorstellungen ein Ort über der Erde: Der Lebensraum Gottes, Ort der Glückseligkeit und des Friedens. Unsere Redensarten verbinden mit dem Bild des Himmels noch heute unendliches Glück, absolute Vollkommenheit, grenzenlose Freude.

- Im siebten Himmel schweben.
- Den Himmel auf Erden versprechen.
- Das ist einfach himmlisch!
- Jemanden in den Himmel loben.
- Den Himmel offen sehen.
- Jemanden anhimmeln oder vergöttern.

»In den Himmel kommen«, das ist mehr als eine beliebige Redensart. Vielmehr findet hier die unendliche Sehnsucht und Hoffnung der Menschen ihren Ausdruck: Heimkommen zu dem Gott unseres Lebens; Ankommen im »ewigen Leben«. Bilder wie »in Gottes Schoß geborgen« oder »in Gottes Hand gehalten«, drücken diese Zuversicht aus.

In dieser Gewissheit bekennen wir im Glaubensbekenntnis: »Wir erwarten die Auferstehung der Toten und das Leben in der kommenden Welt«.

Reich Gottes

Wir Christen hoffen auf den neuen Menschen, den neuen Himmel und die neue Erde in der Vollendung des Reiches Gottes. Wir können von diesem Reich Gottes nur in Bildern und Gleichnissen sprechen, so wie sie im Alten und Neuen Testament unserer Hoffnung, vor allem von Jesus selbst, erzählt und bezeugt sind. Diese Bilder und Gleichnisse vom großen Frieden der Menschen und der Natur im Angesichte Gottes, von der einen Mahlgemeinschaft der Liebe, von der Heimat und dem Vater, vom Reich der Freiheit, der Versöhnung und der Gerechtigkeit, von den abgewischten Tränen und vom Lachen der Kinder Gottes – sie alle sind genau und unersetzbar. Wir können sie nicht einfach »übersetzen«, wir können sie eigentlich nur schützen, ihnen treu bleiben und ihrer Auflösung in die geheimnisleere Sprache unserer Begriffe und Argumentationen widerstehen, die wohl zu unseren Bedürfnissen und von unseren Plänen, nicht aber zu unserer Sehnsucht und von unseren Hoffnungen spricht.

Synodenbeschluss »Unsere Hoffnung«

Der Himmel ist kein Ort, sondern ein Zustand. Die endgültige Gemeinschaft mit Gott. Darüber sagt die Bibel:

- »Wir wissen, dass wir ihm ähnlich werden, wenn er offenbar wird; denn wir werden ihn sehen, wie er ist« (1 Johannes 3,2).
- »Jetzt schauen wir in einen Spiegel und sehen nur rätselhafte Umrisse, dann aber schauen wir ihn von Angesicht zu Angesicht« (1 Korinther 13,12).
- »Er wird in ihrer Mitte wohnen und sie werden ein Volk sein; und er, Gott, wird bei ihnen sein. Er wird alle Tränen von ihren Augen abwischen; der Tod wird nicht mehr sein, keine Trauer, keine Klage, keine Mühsal. Denn was früher war, ist vergangen. Er, der auf dem Throne saß, sprach: Seht, ich mache alles neu« (Offenbarung 21,3-5).

Der Himmel steht für die große Einladung in das Reich Gottes. Diese Einladung richtet sich an alle Menschen, denn der Himmel ist allen verheißen. »Der Himmel geht über allen auf …«

Gott hat allen Menschen zugesichert, dass ihre Sehnsucht nach wahrem Frieden, nach endgültiger Gerechtigkeit und nach einem Leben in liebender Gemeinschaft sich einst erfüllen wird. Vielleicht können wir unsere »himmlischen« Sehnsüchte und Hoffnungen tatsächlich nur in Bildern und Gleichnissen zum Ausdruck bringen. Sie bleiben aber »unvollendet«.

Gott sei Dank
ist der Himmel
nach oben hin
offen

Anne Breitbach

Hölle – Leben in Lieblosigkeit und Verlassenheit

In früheren Zeiten wurde in der Kirche allzu oft und nur allzu gern von der ewigen Verdammnis gepredigt. Solche »Höllenpredigten« machten einem in der Tat »die Hölle heiß« und schürten so die Angst vor ewiger Verlorenheit. Schon Martin Luther klagte: »Wie man jetzt spricht, sie machen uns die hellen heis und den teufel schwarz.« Mit der Drohung vor Höllenqualen wurde gleichzeitig zu einem Gott wohlgefälligen Leben ermahnt.

Die Bilder der »Hölle« sind uns auch aus dem Alten und Neuen Testament vertraut. Dort ist die Rede vom ewigen Feuer (vgl. Matthäus 3,12), von der ewigen Pein (vgl. Matthäus 25,46), von der Finsternis (vgl. Matthäus 8,12), von Heulen und Zähneknirschen (vgl. Matthäus 12,42).

Im Apostolischen Glaubensbekenntnis beteten die Christen bis 1972 ganz selbstverständlich:

»Ich glaube … an Jesus Christus … *abgestiegen zu der Hölle*, am dritten Tage wieder auferstanden von den Toten …«

Heute beten alle Christen gemeinsam im Apostolischen Glaubensbekenntnis stattdessen:

»Ich glaube … an Jesus Christus … *hinabgestiegen in das Reich des Todes* …«

Glauben Christen nicht mehr an die Hölle, an die ewige Verdammnis? Oder sind uns die Bilder fremd geworden? Gelegentlich möchte man glauben, dass die Vorstellungen einer Hölle im Jenseits schon zu einer bedrängenden Erfahrung im Diesseits geworden sind. Hier sind es dann nicht mehr nur Bilder, sondern oft genug grausame Wirklichkeit:

die Hölle von Auschwitz, die Hölle von Hiroshima, die Hölle vor Stalingrad, die Hölle des Krieges und des Terrors, die Hölle der Armut und des Hungers, die Hölle der Süchte und der Habgier … Wie oft machen sich Menschen »das Leben zur Hölle« – in der Ehe, in der Familie, in der Nachbarschaft, am Arbeitsplatz, in der Gemeinde? Und wie oft haben Kinder die Drohung gehört: »Pass auf, dass du (dafür) nicht in die Hölle kommst!«

Ein Gespräch mit dem Herrn K.

Gibt es wirklich eine Hölle? fragte einer den Herrn K.
Es gibt viele Höllen, antwortete K.
Was, viele, wieso?
Weil es so viele Möglichkeiten gibt, antwortete Herr K.
Sie wissen doch: Menschen können jederzeit ihresgleichen eine Hölle bereiten, Höllenängste und Höllenqualen.
Da will ich ihrer Fantasie keine Grenzen setzen. Und jeder kann selbst für sich eine Hölle sein. Es gibt so viele Höllenmöglichkeiten wie es Menschen gibt.
Aber Gott? fragte der andere Ratlose den Herrn K.
Der will keine Hölle, sagte Herr K., die bereiten die Menschen sich selbst.
Das ist ja das Schlimme!

Bert Brecht

Der französische Philosoph und Schriftsteller Jean-Paul Sartre hat ein Drama geschrieben mit dem Titel »Bei geschlossenen Türen«. Hier müssen Menschen miteinander leben, die es nicht fertig bringen, sich gegenseitig anzunehmen. Die aber auch nicht voneinander loskommen und sich keinen Augenblick in Ruhe lassen können. Gegen Ende des Stückes sagt einer von ihnen:

»Also, dies ist die Hölle. Niemals hätte ich geglaubt … ihr entsinnt euch: Schwefel, Scheiterhaufen, Bratrost … auch ein Witz!

Kein Rost ist erforderlich. Die Hölle, das sind die anderen!«

Das eben ist die Hölle: Nur um sich kreisen, nicht lieben können und wollen, gefangen sein in Egoismus, in Gier und in Macht. Solch eine Lebensweise führt in Vereinsamung und Verlassenheit. In ein Leben, das dem Tod und dem Reich des Todes sehr nahe kommt. Ein Leben in Lieblosigkeit und Gewalt!

Die Hölle ist das absolute Gegenteil vom Reich Gottes, von Liebe und Gerechtigkeit. Ob Gott je einen Menschen einer solchen Hölle endgültig überlässt? Ob Gott will, dass je ein Mensch auf ewig ungeliebt und liebesunfähig bleibt? Die Kirche weiß von vielen Heiligen und Seligen im Himmel zu berichten, aber sie hat niemals gewagt, auch nur von einem Menschen konkret zu behaupten, dass er in der Hölle auf ewig verdammt wäre.

Gott nimmt jeden Menschen in seiner Freiheit ernst. Gott verhindert nicht, dass ein Mensch sich sein Leben in eigener Freiheit zur Hölle macht – vielleicht auf ewig! Nichts wäre nämlich zu heilen an solchen Menschen in ihrer Selbstzerstörung durch Gier und Hass.

Die Hoffnung der Christen bleibt, dass im Tod und im Angesicht des liebenden Gottes jeder Mensch sich von dessen Liebe und Erbarmen erfassen und überwältigen lässt. Gott jedenfalls will nicht, dass das Leben der Menschen zur Hölle wird und Hölle bleibt. Vielmehr will er das Heil und das Leben aller Menschen im Reich Gottes. So verstanden kann uns die Rede von der Hölle den Ernst und die Würde der menschlichen Freiheit vor Augen führen, die zwischen Leben und Tod zu entscheiden hat.

In diesem Sinne ist die Hölle in der Bibel als eine ernste Mahnung zu verstehen: Die eigene Freiheit nicht mit einem Leben in Hass und Egoismus zu verschleudern, sie vielmehr zu einem Leben im Miteinander und im Frieden zu nutzen. Hölle ist keine Ortsbeschreibung, sondern die ernstzunehmende Warnung vor einem tödlichen Leben in völliger Unzufriedenheit und Zerstrittenheit.

hölle himmel

ich glaube nicht an die hölle
enggläubiger christen
ich glaube nicht an die hölle
bornierter fundis
doch bleibt mir im ohr was ein
kluger jude gemurmelt:
»es muss eine hölle geben
wo wäre sonst hitler?
es muss einen himmel geben
wo wären sonst die vergasten?«
ich glaube dass schmerz und
gedächtnis heilig
ich glaube dass sie welten-
schwer wiegen
auf der waage des höchsten
und des gerechten

Kurt Marti

Fegefeuer – Geburtswehen zum ewigen Leben

Wer »durchs Fegefeuer gegangen« ist, ist gehärtet. Er hat die Feuerprobe bestanden. Schlimmer kann es kaum mehr kommen. Wer »durchs Fegefeuer gegangen« ist, ist zugleich geläutert. Er hat genug gesühnt. Er kann mit Versöhnung rechnen. Er hat ein Stück Hölle erlebt und kann mit dem Himmel rechnen.

*Es ist nicht auszudenken,
was Gott aus den Bruchstücken
unseres Lebens machen kann,
wenn wir es ihm ganz überlassen.*

Blaise Pascal

In der Tradition gibt es zwischen Himmel und Hölle »einen Ort«, den wir in unserem Sprachgebrauch »Fegefeuer« nennen. Dies trifft allerdings nicht die Kernaussage des lateinischen Wortes »purgatorium«: Ort der »Läuterung«. Vielleicht geht das deutsche Wort »Fegefeuer« auf eine Predigt des Apostels Paulus zurück, der von der Möglichkeit spricht, gerettet zu werden »*wie durch Feuer hindurch*« (*1 Korinther 3,15*).

Die eigentliche Vorstellung des »Fegefeuers« bzw. eines Ortes der Läuterung ist begründet in der Gebetspraxis der Christen in der alten Kirche. Von alters her haben sie für die Verstorbenen gebetet. Im Gebet wollten sie mit ihnen verbunden bleiben. Daraus entwickelte sich dann im Mittelalter die Vorstellung, man könne die »armen Seelen«, die im Fegefeuer leiden, erretten. Diese volkstümliche Redeweise von den »armen Seelen« ist jedoch problematisch, sind diese doch alles andere als arm, da sie bereits den ganzen Reichtum der Liebe Gottes erfahren dürfen.

Dennoch ist wohl die Überzeugung richtig, dass die Lebenden für die Verstorbenen im Gebet durchaus etwas tun können. Wenn wir durch den Tod wirklich in eine Situation der letzten Entscheidung hineinkommen, dann ist dies ein schmerzlicher Übergang. Wenn alles Vergängliche, Begrenzte und Zeitliche von uns abfällt, wenn wir Gott sehen, so wie er ist, dann können wir, umfangen von liebenden Armen, zu Tränen der Trauer *und* der Freude gerührt sein.

Denn wir wissen, dass die gesamte Schöpfung bis zum heutigen Tag seufzt und in Geburtswehen liegt.

Römer 8,22

Weinen und Klagen über das, was wir versäumt und verfehlt haben; Lachen und Freude über das, was wir an Gutem erfahren und getan haben. Diese Zeit kann durchaus verstanden werden als eine Zeit der Reinigung, der Läuterung und des Schmerzes im Angesicht des liebenden Gottes. Als Menschen können wir uns einen solchen Übergang kaum anders vorstellen als einen irgendwie schmerzlichen Umwandlungsprozess. Schon das Geborenwerden eines Menschen ist, bei aller Freude, mit Schmerzen verbunden. Kann nicht so das Wiedergeborenwerden zum ewigen Leben auch schmerzlich sein? Wäre das »Fegefeuer« – die Zeit des Schmerzes und der Läuterung – zu vergleichen mit den Geburtswehen bei der Geburt eines Menschen? So kann das Gebet für die Verstorbenen verstanden werden als eine Verbundenheit in jenem schmerzlichen Prozess der Wiedergeburt zum ewigen Leben.

Mein großes Gebet ist, ein gutes Ende zu finden:
In irgendeiner Weise mit meinem Tod
das zu besiegeln, *wofür ich* gelebt *habe.*

Teilhard De Chardin

Wiedergeburt zu neuem Leben

Diese Arbeit mit sterbenden Patienten hat mir geholfen, meine eigene religiöse Identität zu finden, zu wissen, dass es ein Leben nach dem Tod gibt, und zu wissen, dass wir eines Tages wiedergeboren werden, um die Aufgabe zu erfüllen, die wir in diesem Leben nicht erfüllen konnten oder wollten.

Elisabeth Kübler-Ross

Offensichtlich ist es eine faszinierende Vorstellung, nicht nur einmal zu leben, sondern viele Leben hinter sich, vielleicht auch noch vor sich zu haben. Vielleicht kommt es der uralten Sehnsucht der Menschen entgegen, wirklich ewig leben zu wollen. Für nicht wenige Menschen ist deshalb die asiatische Lehre von der Wiedergeburt, der Reinkarnation eine reizvolle Idee.

Maurice Maeterlinck

Glauben Sie, dass Sie schon einmal auf der Welt waren?
- 17 Prozent der Deutschen sagen: Ja.
- Frauen (21 Prozent) glauben eher an Wiedergeburt als Männer (12 Prozent).
- Von den Menschen, die an die Wiedergeburt glauben, meinen 79 Prozent, dass sie als ein anderer Mensch auf der Welt waren, 21 Prozent, dass sie eine Pflanze und 5 Prozent, dass sie ein kleines Tier waren (z. B. eine Ameise).

Darin liegt die Faszination der Lehre von der Wiedergeburt: Sie gibt auf den ersten Blick unmittelbar Antwort auf lebenswichtige Fragen der Menschen. Zudem kann sie Erlebnisse von Menschen offensichtlich plausibel erklären.

- Viele Menschen fragen sich: Warum gibt es solche Ungerechtigkeit in dieser Welt? Warum werden Menschen in Armut oder in Reichtum geboren? Warum werden Menschen durch Katastrophen und Kriege getötet? Warum sind die einen gesund bis ins hohe Alter, während andere früh sterben müssen? – Die Lehre von der Wiedergeburt beruht auf der Lehre vom »Karma«. Diese besagt, dass alles Unrecht und alles Leid die Folge von Schuld im vorangegangenen Leben ist. Keine Tat bleibt ohne Folgen für das nächste Leben. Durch die Wiedergeburt zu neuem Leben kann der Einzelne sich bessern und Schuld abtragen.
- Ein weiterer Grund für die Anziehungskraft der Reinkarnationslehre geht zurück auf die Erfahrung vieler Menschen, dass sie bestimmte Personen, Landschaften, Häuser, Ereignisse schon einmal gesehen bzw. erlebt haben, obwohl sie in ihrem jetzigen Leben noch nie dort waren. Solche Erlebnisse lassen sich am besten mit der Vorstellung begründen, bereits einmal gelebt zu haben und sich dessen zu erinnern.
- Eine bestimmte Rolle spielen sicherlich auch die zahlreichen Veröffentlichungen über sogenannte Wiederbelebungen von Menschen, die angeblich klinisch tot waren und die das Jenseits als großes Licht am Ende eines dunklen Ganges erfahren haben. Dieses Erlebnis wird als »seliges Gefühl« beschrieben.
- Schließlich sind es weltanschauliche Fragen, die nur mithilfe der Lehre von der Reinkarnation besser erklärt werden können. So etwa die Vorstellung von der Unsterblichkeit des Bewusstseins: Dies ist Ausfluss des einen großen Geistes, der sich nur in einzelnen Menschen, Tieren und Pflanzen verkörpert, von dem aber die ganze Welt durchdrungen ist. Ein Geist, von dem her alles kommt und auf den alles sich wieder hin entwickelt.

Wiedergeburt im Buddhismus

Wenn wir in den westlichen Ländern solch einem Glauben an Reinkarnation begegnen, dann muss zunächst einmal der wesentliche Unterschied zum Ursprung dieser Lehre – etwa im Buddhismus – klar gesehen werden. Das westliche Reinkarnationsdenken geht davon aus, dass wir Menschen zu neuem Leben mehrfach wiedergeboren werden, um unser Leben auf einer neuen Stufe immer weiter zu verbessern und noch größere Lebenserfahrungen zu machen.

Für den Buddhisten dagegen liegt der Sinn der Wiedergeburt nicht darin, neue Aufgaben zu erfüllen, die er in diesem Leben nicht erfüllen konnte oder wollte. Reinkarnation ist für ihn kein Fortschritt im Leben, sondern vielmehr ein Weg der Reinigung, der von allen Begierden frei macht. Denn Lebensgier bringt Taten (Karma) hervor und schafft neues Leiden. Erst wenn die Gier überwunden ist – im Nirwana –, kommt es zu keiner Wiedergeburt mehr. Wie die Töpferscheibe sich noch eine Weile weiterdreht, so lebt der Erlöste weiter, bis im Tod die Person zerfällt und es in Ermangelung »karmischer Rückstände« zu keiner Wiedergeburt mehr kommt.

Wiedergeburt aus christlicher Sicht

Ist eine solche Lehre von der Wiedergeburt vereinbar mit dem christlichen Glauben? Sicher bewegen die Fragen, auf die diese Lehre Antwort geben will, auch Christen. Die Sehnsucht nach einem gerechten Ausgleich jenseits des irdischen Lebens und die Hoffnung auf ein individuelles Weiterleben nach dem Tod entsprechen auch der Sehnsucht und Hoffnung der Christen.

Dennoch gibt es einen *grundsätzlichen Unterschied* zwischen der Lehre von der Wiedergeburt und dem christlichen Glauben. Nach der Lehre der Wiedergeburt gilt: Was der Mensch erntet, hat er zuvor selbst gesät. Unglück und Krankheit des gegenwärtigen Lebens sind Folge früherer Schuld. Er selbst kann dies in einem neuen Leben wiedergutmachen. Das christliche Verständnis von Gerechtigkeit und von der Gerechtigkeit Gottes gründet dagegen in der Güte und Barmherzigkeit Gottes. Er vergibt und ermöglicht Aussöhnung.

Die wesentlichen Unterschiede zwischen dem Glauben an die Reinkarnation und dem christlichen Glauben an die Auferstehung lassen sich wie folgt zusammenfassen:

1. *Der Reinkarnationsgläubige sieht das Leben als eine sich wiederholende Fortsetzung früherer Lebensformen. Er hat es mit sich und den Folgen seines früheren Handelns zu tun.*

   Der *Christ* glaubt, dass sein Leben einmalig und unverwechselbar von Gott gewollt ist. Gott wird sein Leben zu einem guten Ende führen.

2. *Der Reinkarnationsgläubige sieht sein Schicksal und das seiner Mitmenschen als Schuld früherer Handlungen. Durch die Wiedergeburt kann der Einzelne Schuld abtragen und Leid mildern.*

   Der *Christ* glaubt an die Freiheit des Menschen. Er kann und darf schuldig werden und auf die vergebende Kraft Gottes hoffen. Er muss nicht selbst alles wiedergutmachen. Unfassbar bleibt auch für ihn das sinnlose Leid und Unrecht in dieser Welt.

3. *Der Reinkarnationsgläubige vertraut auf eine kontinuierliche Aufwärtsentwicklung durch viele Leben hindurch. Dies ist für ihn ein Weg der Reinigung und Befreiung von aller Gier.*

Der *Christ* rechnet mit der menschlichen Unzulänglichkeit, die ihn immer wieder versagen und rückfällig werden lässt. Er vertraut aber auf die Zusage, dass er trotz allem die Fülle des Lebens als Geschenk von Gott empfangen wird.

Das Gleichnis vom Weizenkorn

Er geht den Weg, den alle Dinge gehen;
er trägt das Los, er geht den Weg,
er geht ihn bis zum Ende.

Der Sonne und dem Regen preisgegeben,
das kleinste Korn in Sturm und Wind
muss sterben, um zu leben.

Die Menschen müssen füreinander sterben.
Das kleinste Korn, es wird zum Brot,
und einer nährt den andern.

Den gleichen Weg ist unser Gott gegangen,
und so ist er für dich und mich
das Leben selbst geworden.

Huub Oosterhuis

7. Kapitel

Sterben lernen – abschiedlich leben

Weil unsere Lebenszeit begrenzt ist, ist die Zeit des Lebens so wertvoll. Der Tod stößt uns darauf, wie kostbar jede Stunde, jeder Tag, jedes Jahr in unserem Leben ist. Jeder Augenblick könnte unsere »letzte Stunde« sein. Der Tod mahnt uns, das Leben nicht aufzuschieben … nicht bis zum nächsten Wochenende, nicht bis zum Urlaub, nicht bis zum Ruhestand.

Leben ist immer jetzt und hier! Keine Minute kehrt wieder, keine versäumte Stunde lässt sich zurückholen, kein Leben wird noch einmal gelebt. Unser Leben ist vergänglich.

Dass ich sterblich bin, das ist das stärkste Werkzeug für mich, große Entscheidungen im Leben zu treffen. Fast alles … fällt von einem ab, wenn man den Tod vergegenwärtigt. Da bleibt nur das Wichtigste. An den eigenen Tod denken, vermeidet die gedankliche Falle: Man hat nichts zu verlieren. Du bist immer schon nackt. Es gibt keinen Grund, niemals, nicht seinem Herzen zu folgen.

Steve Jobs

Alles hat seine Zeit.
Alles zu seiner Zeit.
Alles zur »rechten« Zeit …

Das Zeitliche segnen

Unser Wissen um den Tod hat auch seine positive Seite: Im Angesicht des Todes duldet das Leben keinen Aufschub. Wir stehen »in der Zeit«. Und diese Zeit ist endgültig. Wie oft leben wir bedenkenlos in den Tag hinein. Wie oft tun wir so, als könnte uns der Tod nichts anhaben, als hätten wir alle Zeit der Welt noch vor uns.

Unsere Vorfahren wussten um ihre begrenzte Zeit: »Das Zeitliche segnen« war ihre Redeweise über das Ende des Lebens. Der Sterbende bereitete sich auf den Tod vor, indem er Abschied nahm von der irdischen Welt, der »Zeitlichkeit«, und zugleich Gottes Segen auf sie herabwünschte.

Menschen, die sich in Einheit mit ihrer Lebenswelt und der Schöpfung erleben, werden eher verstehen und besser annehmen können, dass inmitten des Lebens der Tod ständig anwesend ist. Frühere Generationen hatten vermutlich ein viel unbefangeneres Verhältnis zum Tod, weil sie auf dem Land in ganz unmittelbarer Abhängigkeit von Leben und Sterben, von Wachsen und Vergehen in der Natur lebten. Tiere und Pflanzen sterben, damit andere Lebewesen leben können. Leben bedeutet immer auch Sterben, wie Sterben immer auch Leben bedeutet.

Könnten wir dem Tod in diesem Sinne seinen Platz im Leben zuordnen, würde er seinen bedrohlichen Schrecken verlieren. Und das Leben würde ein Mehr an Gelassenheit und an Lebensfreude gewinnen. Dann könnte am Ende die Zustimmung stehen, dass das Leben unausweichlich begrenzt und niemand unsterblich ist.

Leben ist ihre schönste Erfindung,
und der Tod ist ihr Kunstgriff,
viel zu haben.

Johann Wolfgang von Goethe

Leben vor dem Tod

Auf einem Grabstein in Irland findet sich die ungewöhnliche Frage:

»Gibt es ein Leben *vor* dem Tod?«

Den hier Verstorbenen und seine Angehörigen bewegte weniger die Frage des Weiterlebens *nach* dem Tod. Vielmehr stellte sich ihnen im Nachhinein die Frage nach einem lebenswerten, erfüllten Leben. Ob der Verstorbene es gehabt hatte?!

Die Angehörigen – und uns – stellt die Grabinschrift vor die Frage: Was aber ist ein sinnvolles Leben vor dem Tod? Hilft möglicherweise das Wissen um Sterben und Tod zu einem lebenswerten Leben?

Eine Krankenschwester

»Ich habe so viele Menschen gesehen, die im Sterben liegen, das hat mich bewusster in Bezug auf mein Leben gemacht. Immer mehr habe ich mich gefragt, was eigentlich wichtig ist in meinem Leben, und was unwichtig. Ich will etwas aus meinem Leben machen, gerade weil ich weiß, dass der Tod ganz zufällig jeden Augenblick kommen kann.«

Ein Arzt

»Wenn man begreift, dass der Tod jederzeit unerwartet kommen kann, dann erkennt man auch viel besser, was man eigentlich tun möchte. Und man bekommt den Ansporn, es auch in die Tat umzusetzen. Mir selbst ist mit der Zeit aufgegangen, dass ich mein Leben nicht führen will, wie es andere von mir verlangen, sondern wie ich es von mir erwarte.«

Ein Theologe

»Ich möchte sehr lange leben. Ich habe heute schon Angst vor dem Sterben. Die Angst ist weniger darin begründet, dass ich nicht weiß, was nachher kommt. Das weiß ich ja, oder hoffe es zumindest. Ich möchte einfach noch so vieles erleben …«

Ein Jugendlicher
»Man muss irgendwie herauskriegen, was es heißt, am Leben zu sein!«.

Wenn wir unser eigenes Leben von seinem Ende betrachten, erscheint das Leben in einem anderen Licht. Dann werden uns manche Fragen klarer und eindeutiger: Wozu lebe ich? Was ist wichtig, was unwichtig? Wofür lohnt es sich zu kämpfen und zu leiden? Wofür habe ich Zeit, und wofür lasse ich mir Zeit?

Sterben und Tod setzen neue Maßstäbe für das Leben, für wirkliches Leben. Nur Überleben – das ist doch nicht Leben!

Nicht den Tod
soll man fürchten,
sondern dass man nie
begonnen hat zu leben.

Marc Aurelius

Sterbeleben

Ich sterbe immerzu
und immer offen
Ich sterbe immerfort
und immer hier
Ich sterbe immer einmal
und immer ein Mal

Ich sterbe immer wieder
Ich sterbe wie ich lebe
Ich lebe manchmal hinauf
und manchmal hinunter
Ich sterbe manchmal hinunter
und manchmal hinauf

Woran sterbe ich?
Am Haß
und an der Liebe
an der Gleichgültigkeit
an der Fülle
und an der Not

An der Leere einer Nacht
am Inhalt eines Tages
immer einmal an uns
und immer wieder an ihnen
Ich sterbe an dir
und ich sterbe an mir

Ich sterbe an einigen Kreuzen
Ich sterbe an einer Falle
Ich sterbe an einer Arbeit
Ich sterbe am Weg
Ich sterbe am Zuvieltun
und am Zuwenigtun

Ich sterbe so lange
bis ich gestorben bin
Wer sagt
daß ich sterbe?
Ich sterbe nie
sondern lebe

Erich Fried

Viele kleine Tode im Leben

Man stirbt viele kleine Tode, bis man den letzten stirbt. Viele kleine Tode bedrohen uns schon mitten im Leben. Sie lassen das Leben gelegentlich unpässlich, mitunter sogar sinnlos erscheinen. Das Leben selbst kann tödlich sein, und Mitmenschen können alle Lebenshoffnungen zerstören.

Nehmen wir nur einmal unsere Sprache beim Wort:

- Da wird jemand totgeschwiegen
- Da mache ich jemanden mundtot
- Da ist jemand für mich gestorben
- Da kann ich jemanden auf den Tod nicht leiden
- Da geht jemand über Leichen
- Da stirbt jemand vor Angst
- Da wird mir das Leben totlangweilig
- Da ist jemand zu Tode betrübt
- Da wird jemand sterbenskrank
- Da wird jemand kalt gestellt, kaputt gemacht, erledigt
- Da stirbt jemand den Heldentod
- …

Sterben und Tod sind Teil unserer Alltagssprache geworden. Und doch tun wir uns nach wie vor schwer, ganz persönlich über den Tod zu sprechen. Der Tod ist eines der letzten Tabus in unseren Partnerschaften und Freundschaften, in unseren Ehen und Familien. Je vertrauter sich Menschen werden, umso verletzlicher werden sie füreinander. Da lässt man den Tod lieber außen vor.

Die Schriftstellerin *Marie-Luise Kaschnitz* hat das Unvermögen, über den Tod im Leben zu sprechen, ja ihn totzuschweigen, einmal treffend in einem Text festgehalten:

»Wenn einer sich vornähme, das Wort Tod nicht mehr zu benutzen, auch kein anderes, das mit dem Tod zusammenhängt, mit dem Menschentod oder mit dem Sterben der Natur. Ein ganzes Buch würde er schreiben, ein Buch ohne Tod, ohne Angst vor dem Sterben, ohne Vermissen der Toten, die natürlich auch nicht vorkommen dürfen, ebenso wenig wie Friedhöfe, sterbende Häuser, tödliche Waffen, Autounfälle, Mord. Er hätte es nicht leicht, dieser Schreibende, jeden Augenblick müsste er sich zur Ordnung rufen, etwas, was sich eingeschlichen hat, wieder austilgen, schon der Sonnenuntergang wäre gefährlich, schon ein Abschied, und das braune Blatt, das abweht, erschrocken streicht er das braune Blatt …«

Es ist nicht abzusehen,
was die Menschen zu glauben
imstande sein werden,
sobald sie einmal den Tod
aus der Welt geschafft haben.

Elias Canetti

Der »soziale« Tod

Der Tod gehört zum Leben. Aber mancher stirbt – schon lange vor dem Tod – den grausamsten Tod unserer Zeit: den »sozialen« Tod. Wer nicht mehr den Leistungsanforderungen und Spielregeln unserer Gesellschaft entspricht, den sortiert man aus, stellt ihn kalt, behandelt ihn wie Luft. Und man redet über ihn, als wäre er schon gestorben. Menschlich leben heißt, in Beziehungen leben. Wo Beziehungen aufgekündigt werden, kündet sich der schleichende Tod der Beziehungslosigkeit an.

»*Der Mensch lebt nicht vom Brot allein*« – er braucht noch andere »Lebensmittel« zum lebenswerten Leben. Heute hingegen droht er am Brot allein zu sterben. Immer mehr Menschen leben nach dem Motto: »Lasst uns essen und trinken, denn morgen sind wir tot!« Und sie leben dabei oft genug auf Kosten anderer.

Liebe Freunde, der Mensch lebt nicht vom Brot allein, er stirbt sogar am Brot allein, einen allgegenwärtigen schrecklichen Tod, den Tod am Brot allein, den Tod der Verstümmelung, den Tod des Erstickens, den Tod aller Beziehungen. Den Tod, bei dem wir noch eine Weile weitervegetieren können, weil die Maschine noch läuft, den furchtbaren Tod der Beziehungslosigkeit: wir atmen noch, konsumieren weiter, wir scheiden aus, wir erledigen, wir produzieren, wir reden noch vor uns hin und leben doch nicht …

Dorothee Sölle

Sterben heißt Abschied nehmen

»In Liebe und Dankbarkeit nehmen wir Abschied …« – Sterben heißt Abschied nehmen. Der Tote selbst stand meist in einem dichten Geflecht menschlicher Beziehungen. Auf den Todesanzeigen wird betrauert: Ehemann, Vater, Mutter, Bruder, Onkel, Freundin, Arbeitskollege, Nachbar …

Wenn Leben bedeutet, in Beziehungen zu leben, dann heißt Sterben, sich aus diesen Beziehungen zu verabschieden (oder schlimmstenfalls abrupt herausgerissen zu werden). Mit dem Tod stirbt auch die einmalige und unverwechselbare Geschichte, die jeder der Angehörigen und Freunde mit dem Toten hatte. Diese Geschichte lebt jedoch immer wieder auf in den Geschichten, die wir über ihn erzählen, wenn wir uns der Begegnungen und Erlebnisse mit ihm erinnern. In der Redeweise »Wisst-Ihr-Noch, damals …« vergewissern wir uns der gemeinsamen Lebensgeschichte mit ihm.

»Abschied nehmen« gehört zum menschlichen Alltag, zur Lebenswirklichkeit eines jeden Menschen. Tag für Tag verabschieden wir uns von Menschen, die wir gerne haben. Morgens, wenn wir zur Schule oder zum Arbeitsplatz fahren; mittags oder nachmittags, wenn wir nach Hause eilen; abends, wenn wir zu Bett gehen. Der Abschied fällt uns unterschiedlich schwer – oder mitunter auch leicht –, so unterschiedlich wie unsere Beziehungen zu den Menschen sind. Bei einem geliebten Menschen kann allein ein Tag oder eine Nacht ohne sie oder ihn wie eine Ewigkeit sein.

Wenn allein die vielen kleinen Abschiede, die wir im Laufe unseres Lebens erleben, schon schmerzliche Erfahrungen von Trennungen, Verlusten und Enttäuschungen mit sich bringen, um wie viel mehr wird uns der endgültige Abschied von Menschen treffen, die wir lieben. Da können wir das Abschiednehmen in unserem Leben noch so oft erlebt, ja wiederholt eingeübt haben – solche Erfahrungen werden uns nur bedingt helfen und stützen können beim Abschied am Sterbebett.

Trost erwächst jedoch für den Sterbenden wie für die Angehörigen aus christlicher Zuversicht, dass selbst diese letzte Trennung nur eine »Frage der Zeit« ist, weil »Wiedersehen« in einer anderen Welt zugesagt ist. »Das Leben ist Gottes Ziel mit uns«, notierte der evangelische Theologe Dietrich Bonhoeffer kurz vor seiner Hinrichtung.

Für Anne

Das Schwierige
am Alleinsein
ist nicht
das Alleinsein
sondern dass es
ein Vorgeschmack
auf das Alleinsein
ist

Erich Fried

Tod – Lehrer des Lebens

Das Leben muss man das ganze Leben lernen,
und, was vielleicht noch mehr erstaunen mag:
Das ganze Leben lang muss man sterben lernen.

Seneca

So schreibt der römische Philosoph Seneca in seinem Büchlein »Von der Kürze des Lebens«. Aber kann man sterben lernen? Gibt es so etwas wie eine persönliche Vorbereitung auf das eigene Sterben, auf den eigenen Tod?

Solange der Tod allgegenwärtig war im Leben der Familie, des Dorfes oder der Stadt, stärkte er das Bewusstsein der Menschen, sich auf dieses Ereignis rechtzeitig einzustellen. Das Gebet am Grab für den Menschen, der dem Verstorbenen als Nächster folgen würde, ermahnte die Trauernden, selbst an den eigenen Tod zu denken und sich darauf vorzubereiten. Im Mittelalter gab es viele Lehrbücher, die helfen wollten, die »Kunst des Sterbens« zu erlernen. Sie gaben nicht nur Mahnungen zum rechten Sterben, sondern vielmehr noch Anweisungen zum rechten Leben.

Anselm von Canterbury (1033–1109) wird eine »Ermahnung für den Sterbenden, der über seine Sünden allzu sehr erschrocken ist«, zugeschrieben. Sie hatte großen Einfluss auf zahlreiche im Mittelalter verfasste Sterbebücher. In dieser »Ermahnung« begegnen uns sieben Fragen, die in ihrer eindringlichen Einfachheit das Zeugnis einer tiefen Frömmigkeit ablegen. Leben und Tod werden vom Geheimnis Christi und seines Todes her meditiert und mit dem eigenen Sterben konfrontiert.

- »Freust du dich, dass du im christlichen Glauben stirbst?
- Bekennst du, dass du nicht gelebt hast, wie du solltest?
- Ist dir das leid?

- Hast du den Willen, dich zu bessern, wenn dir Gott dein Leben fristet?
- Glaubst du auch, dass unser Herr Jesus Christus, des lebendigen Gottes Sohn, für dich gestorben ist?
- Dankst du ihm?
- Glaubst du, dass du nicht anders zum ewigen Leben kommst als durch seinen Tod?«

Wer diese Fragen mit dem Herzen bejahte, konnte in der mittelalterlichen »ars moriendi« die letzte große Aufforderung einer glaubenden Hoffnung erlangen: »*Herr, in deine Hände befehle ich meinen Geist.*«

»Wenn du an ihn glaubst ...«

Oskar, ein todkranker Junge, wird von einer Krankenbesuchsdame, einer bereits höchst betagten »Dame in Rosa«, auf ungewöhnliche Weise in die Kunst des Lebens und Sterbens eingeführt. Oma Rosa, die sich als ehemalige Catcherin ausgibt und sich so bei Oskar zusätzliche Anerkennung verschafft, rät ihm auch, das Gespräch mit Gott zu suchen – an den er allerdings nicht glaubt.
»Du würdest dich nicht so einsam fühlen.« »Nicht so einsam wegen jemandem, den es gar nicht gibt?« »Dann sorg dafür, dass es ihn gibt!« Sie beugte sich zu mir rüber. »Jedes Mal, wenn du an ihn glaubst, wird es ihn ein bisschen mehr geben. Und wenn du dranbleibst, wird er ganz und gar für dich da sein.«
Als der kleine Oskar gestorben ist, schreibt Oma Rosa ihrerseits einen Brief an den »lieben Gott« – so wie sie es vorher Oskar geraten hat.
»Vielen Dank, dass du mich Oskar hast kennenlernen lassen. Dank seiner war ich fröhlich, ich habe Märchen erfunden, ich wurde sogar zur Expertin im Catchen. Dank seiner habe ich gelacht und Freude empfunden. Er hat mir geholfen an dich zu glauben. Ich bin so voll von Liebe, dass es mich verbrennt, hat er mir doch so viel gegeben, dass sie mich die paar Jahre, die mir noch bleiben, erfüllen wird. Bis bald.«

Eric-Emmanuel Schmitt

Einübung ins Sterben durch Glauben

Als ob es die Toten gäbe!
Herr, es gibt keine Toten,
Es gibt nur Lebende,
Auf unserer Erde und im Jenseits.
Herr, den Tod gibt es,
Aber er ist nur ein Moment,
Ein Augenblick, eine Sekunde, ein Schritt
Der Schritt vom Vorläufigen ins Endgültige,
Der Schritt vom Zeitlichen ins Ewige.

Michael Quoist

Hilft der Glaube, mit Sterben und Tod besser fertig zu werden? Da ist zunächst eine erstaunliche Tatsache: Im Alten Testament wird von gläubigen Menschen berichtet, die nicht in erster Linie an einem Leben nach dem Tod interessiert sind. Wie alle Menschen hängen sie am Leben. Sie sehnen sich nach einem reichen und erfüllten Leben im Hier und Jetzt. Sie vertrauen darauf, weil Gott es ihnen versprochen hat. Ihre Hoffnung richtet sich nicht so sehr auf jenseitiges Leben, sondern auf Freiheit und Glück, Sicherheit und Reichtum, Frieden und Gerechtigkeit in diesem Leben. Am Ende eines reichen Lebens, betagt und lebenssatt, erwarten sie einen zufriedenen Tod. Gott ist für sie ein Gott der Lebenden, nicht der Toten.

»*Tote können den Herrn nicht mehr loben, keiner der ins Schweigen hinabfuhr*« (Psalm 115,17).

Erst allmählich setzt sich die Gewissheit durch, dass dieser Gott des Lebens nicht nur hier und jetzt an unserer Seite steht, sondern auch im Tod mit uns ist. In diesem Vertrauen wächst allmählich auch die Gewissheit auf ein Leben nach dem Tod – die Hoffnung auf Auferstehung. Diese Hoffnung wird schließlich durch Jesus Christus bestätigt. Er, der menschgewordene Gottessohn, steigt in das Reich des Todes hinab und wird solidarisch mit den Toten. Er durchleidet das Sterben mit der quälenden Angst endgültiger Verlassenheit. Das bestätigt das letzte Gebet Jesu vor dem Tod:

»Mein Gott, mein Gott, warum hast Du mich verlassen?« (Matthäus 27,46).

Ob nicht alle gläubigen Menschen in ihrem Leben die Geschichte der Glaubenden im Alten und Neuen Testament durchschreiten? Zu Recht hoffen Christen darauf, dass Gott nichts sehnlicher wünscht, als dass ihr Leben gelingen möge. Glaube ist keine Vertröstung auf das Jenseits (mehr). Es geht um dieses Leben – um erfülltes Leben im Diesseits. Aber zum irdischen Leben gehören ebenso seine Begrenztheit und die Erfahrung des Todes.

Auch Christen erleben angesichts dieser Lebenswirklichkeit Todesangst und Todesverlassenheit, die sie zulassen und sich vorbehaltlos eingestehen dürfen. Jesus selbst hat ähnliche Erfahrungen gemacht. Im Blick auf seine Auferweckung können sie Hoffnung schöpfen, dass der Tod zur versprochenen »Fülle des Lebens« führt.

Ich selbst bin dankbar, dass ich in meiner Angst Gott anrufen kann und weiß: Er ist mein Hirte, auch im Sterben und im Tod. Er führt mich durch die tiefen Täler meiner Angst und meines Leides.

Johannes Friedrich

Schritt für Schritt – und oft durch viele Zweifel und Fragen hindurch –werden Christen zu der Gewissheit gelangen, zu der auch Paulus erst nach eigenem schmerzlichen (Irr-)Weg zum Glauben gekommen ist:

»Weder Tod noch Leben, weder Engel noch Mächte, weder Gegenwärtiges noch Zukünftiges, weder Gewalten der Höhe oder Tiefe noch irgendeine andere Kreatur können uns scheiden von der Liebe Gottes, die in Christus Jesus unserem Herrn ist« (Römer 8,38-39).

Jesus selbst hat in seinem Sterben den Ernstfall des Todes, der äußersten menschlichen Verlassenheit, auf sich genommen. Er hat uns das Sterben nicht abgenommen, denn jeder stirbt seinen eigenen Tod. Aber er hat den Weg geöffnet, der über den Tod hinaus ins Leben führt.

Die Wahrheit

Dass niemand prahl, ich sei ein Held gewesen!
Zwar konnt ich fest dem Tod entgegenschauen
jedoch vorm Sterben fühlt ich kaltes Grauen.
Sterben ist einsam. Tod ist das Genesen.

Wohl werdet ihr in diesen Zeilen lesen
von unerschütterlichem Gottvertrauen.
Doch niemand kann auf Menschenkräfte bauen –
oh nein! Gott weiß: Ich bin kein Held gewesen.

Ich habe viel und bitterlich geweint
in leerer Krankenzimmernacht gefangen
schwach wie ein Kind, das nach der Mutter greint

von Angst gewürgt, gejagt von schwarzem Bangen
dem nicht das kleinste Erdenlicht mehr scheint –
so, nackt und zitternd, sollt ich heimgelangen.

Ernst Ginsberg

Der Engel von Reim

Auf der Westfassade der Kirche von Reims
steht ein seltsamer Engel.
Ein Engel aus Stein.
Die rechte Hand hat er verloren.
Die Finger der anderen Hand zerfallen allmählich.
Ein Flügel fehlt ihm schon.
Das Gesicht ist vernarbt.
Ein sterbender Engel.
Er aber lächelt
in die Zukunft hinein.

Martin Gutl

Einübung ins Sterben durch Hoffnung

Der sterbende Engel, der lächelt – für uns Menschen eine Provokation, ein Widerspruch in sich. Und dennoch ein Hoffnungsschimmer am Horizont. Angesichts des nahen Todes fällt oft genug das Hoffen schwer. Die Versuchung ist groß zu zweifeln, ja zu verzweifeln und mit seinem Schicksal zu hadern.

»Aber die Hoffnung stirbt zuletzt« – wie oft haben wir diese Worte der Ermutigung in scheinbar aussichtslosen Situationen so dahergesagt.

Im Ernstfall des Todes könnte dieser Spruch tatsächlich zutreffen: Wer lebt nicht von und aus der Hoffnung – gerade in seiner letzten Lebensphase. Vielleicht trägt sie weniger in der ersten Zeit der Auseinandersetzung mit dem Sterben. Aber mit der Zeit gewinnt sie an Kraft und Zuversicht. Hoffnung ist sozusagen der Weg, um weder in Resignation zu verfallen noch in Rebellion zu verharren. Das unabwendbare Schicksal wird dann nicht einfach als »aus und vorbei« hingenommen.

Menschen leben aus der Hoffnung. Wie oft scheint alles zu Ende zu sein, wie oft erleben sie sich selbst als »hoffnungslosen Fall«. Und wie oft schien jede Aussicht auf Besserung in weite Ferne gerückt. In solchen Situationen bleibt allein die Hoffnung – eine Hoffnung, die sich der End-Gültigkeit widersetzt. Solche Hoffnung bringen Christen in ihren Gebeten zum Ausdruck, etwa in der Vaterunser-Bitte »Dein Wille geschehe«. Im Gebet tragen sie ihre jeweiligen Lebenssituationen vor Gott in der Hoffnung, dass alles – seinem Willen entsprechend – ein gutes Ende nehmen möge.

Und nun, meine lieben Freunde, heißt es Abschied nehmen. Keineswegs in Resignation; aber auch ohne Illusion, was den Prozess meiner Krankheit betrifft. Die Wochen und Tage sind gezählt. Dieses Wissen öffnet eine ganz neue Dimension der Erfahrung. Was ich bisher theoretisch über Krankheit und Tod nachdachte, ist existenzielle Wirklichkeit geworden. Es gibt keinen Grund, vor Gott und der Welt zu klagen. Nach 70 erfüllten Lebensjahren füge ich mich denn der Endlichkeit alles Irdischen. Und es trägt mich das gläubige Bewusstsein, dass mein Schöpfer, der mich einst beim Namen gerufen hat, mir auch über den Tod hinaus seine Treue bewahrt.

Franz Böckle, Theologe, wenige Wochen vor seinem Tod

Einübung ins Sterben durch Liebe

Die Liebe, eine urmenschliche Erfahrung, begleitet uns auf unserem Lebensweg über alle Höhen und Tiefen – vom ersten bis zum letzten Atemzug. Ohne Liebe können wir nicht leben. An Lieblosigkeit geht Leben zugrunde. Wer liebt, lebt!

Die Liebe – das ist offensichtlich der Weg der Christen, die vielen kleinen Tode im Leben zu überwinden. Die Liebe zu den Nächsten lässt uns bereits hier – in diesem Leben – etwas vom ewigen Leben vorab erahnen. Wie oft ereignet sich so Auferstehung mitten im Leben.

Wir wissen, dass wir aus dem Tod in das Leben hinübergegangen sind, weil wir (…) lieben.

1 Johannes 3,14

Liebe ermöglicht Auferstehungserfahrung. Sie lässt uns immer wieder neu aufstehen. Die Praxis der Liebe ist – so befremdlich das zunächst klingen mag – die beste Einübung in das Sterben.

Denn wer liebt, scheint loslassen und von sich abgeben zu können – etwas von seiner Zeit, von seinem Besitz, von seinem Recht, von seiner Freiheit. Liebe wird zunächst als Verlust daherkommen. Man gibt vieles auf, muss auf manch Liebgewonnenes verzichten. Aber schon bald erfährt der Liebende, dass er gerade im scheinbaren Verlust vieles neu für sich gewinnen wird.

So wird – buchstäblich zu guter Letzt – der Verlust des irdischen Lebens zum Gewinn des ewigen Lebens werden. Denn die Liebe überwindet den Tod (Hoheslied 8,6). Die Liebe ist das eigentlich Unvergängliche, das was bleibt – über den Tod hinaus.

Wer nicht liebt, hat kein Dasein,
ist nicht da, ist gestorben.
Wer Lust zu lieben hat, steht von den Toten auf,
und nur wer liebt, ist lebendig …

Robert Walser

Gebet

Weil du gelitten hast,
Herr,
weil du das schreckliche
Urteil
gehört und angenommen,
weil du in Ängsten
geschrien,
weil du verlassen
von allen
das Grauen des Todes
ertragen hast,
gehst du mit uns,
bis wir dich
endlich erkennen
und bitten:
Herr, bleibe bei uns!

Christa Peikert-Flaspöhler

»Im Angesicht des Todes«

(Ein-)Übung ins eigene Sterben

Im Angesicht des Todes – des eigenen oder des eines lieben Mitmenschen – wird wohl bei jedem Menschen eine ehrliche Auseinandersetzung mit der eigenen Sterblichkeit einsetzen. Sie kann im »Zwiegespräch« mit sich selbst oder im Austausch mit Angehörigen oder guten Freunden erfolgen.

Eine hilfreiche Anregung bietet der folgende Fragebogen aus den Tagebüchern von Max Frisch. Er ist ein Mix aus existenziellen und ganz alltäglichen, mitunter auch banalen Fragen. Gerade diese »bunte« Mischung zwingt den Leser zur ernsthaften Überprüfung seiner konkreten Lebenssituation »im Angesicht des Todes«.

Jemanden lieben heißt sagen:
Du wirst nicht sterben.

Gabriel Marcel

Fragebogen von Max Frisch

1. Haben Sie Angst vor dem Tod und seit welchem Lebensjahr?
2. Was tun Sie dagegen?
3. Haben Sie keine Angst vor dem Tod (weil Sie materialistisch denken, weil Sie nichtmaterialistisch denken), aber Angst vor dem Sterben?
4. Möchten Sie unsterblich sein?
5. Haben Sie schon einmal gemeint, dass Sie sterben, und was ist Ihnen dabei eingefallen:

   a) was Sie hinterlassen?
   b) die Weltlage?
   c) eine Landschaft?
   d) dass alles eitel ist?
   e) was ohne Sie nie zustande kommen wird?
   f) die Unordnung in den Schubladen?

6. Wovor haben Sie mehr Angst: Dass Sie auf dem Totenbett jemand beschimpfen könnten, der es nicht verdient, oder dass Sie allen verzeihen, die es nicht verdienen?
7. Wenn wieder ein Bekannter gestorben ist: Überrascht es Sie, wie selbstverständlich es Ihnen ist, dass die anderen sterben?
8. Möchten Sie wissen, wie Sterben ist?
9. Wenn Sie sich in bestimmten Umständen den Tod gewünscht haben und wenn es nicht dazu gekommen ist: Finden Sie dann, dass Sie sich geirrt haben, d.h., schätzen Sie infolgedessen die Umstände anders ein?
10. Wem gönnen Sie manchmal Ihren eigenen Tod?
11. Wenn Sie gerade keine Angst haben vor dem Sterben: weil Ihnen dieses Leben gerade lästig ist oder weil Sie gerade diesen Augenblick genießen?
12. Was stört Sie an Begräbnissen?
13. Wenn Sie jemand bemitleidet oder gehasst haben und zur Kenntnis nehmen, dass er verstorben ist: Was machen Sie mit Ihrem bisherigen Hass auf seine Person beziehungsweise mit Ihrem Mitleid?

14. Haben Sie Freunde unter den Toten?

15. Wenn Sie einen Toten sehen: Haben Sie den Eindruck, dass Sie diesen Menschen gekannt haben?

16. Haben Sie schon Tote geküsst?

17. Wenn Sie nicht allgemein an Tod denken, sondern an Ihren persönlichen Tod: Sind Sie jeweils erschüttert, d. h., tun Sie sich selbst leid, oder denken Sie an Personen, die Ihnen nach Ihrem Hinschied leidtun?

18. Möchten Sie lieber mit Bewusstsein sterben oder überrascht werden von einem fallenden Ziegel, von einem Herzschlag, von einer Explosion usw.?

19. Wissen Sie, wo Sie begraben sein möchten?

20. Wenn der Atem aussetzt und der Arzt es bestätigt: Sind Sie sicher, dass man in diesem Augenblick keine Träume mehr hat?

21. Welche Qualen ziehen Sie dem Tod vor?

22. Wenn Sie an ein Reich der Toten (Hades) glauben: Beruhigt Sie die Vorstellung, dass wir uns alle wiedersehen auf Ewigkeit, oder haben Sie deshalb Angst vor dem Tod?

23. Können Sie sich ein leichtes Sterben denken?

24. Wenn Sie jemand lieben: Warum möchten Sie nicht der überlebende Teil sein, sondern das Leid dem anderen überlassen?

25. Wieso weinen Sterbende nie?

Gemeinschaft der Lebenden mit den Toten

In vorchristlichen Zeiten war der Ort Delphi in Griechenland ein berühmter Wallfahrtsort. Aus vielen Ländern der Erde kamen Ratsuchende, um sich aus dem Munde der Priesterinnen den helfenden Spruch des Gottes anzuhören, der sich oft durch seine Tiefsinnigkeit auszeichnete. Eines Tages kamen Abgesandte des Volksstammes der Megarer mit der Frage, was denn das Glück ihres Volkes begründe. Das Orakel antwortete: »In allen wichtigen Dingen sollt ihr euch mit der Mehrheit beraten.« Diese Mehrheit seien – die Toten. Mit ihnen sollten sie Rat pflegen. Das sei die sicherste Bürgschaft für die Wohlfahrt ihres Landes.

Unsere Toten halten wir in Ehren, in Erinnerung – eine Zeit lang zumindest. Doch mit ihnen leben? Leben wie mit einem Freund? Können uns die Toten guten Rat für unser Leben geben? Mehr noch, sind sie eine »Bürgschaft für unsere Wohlfahrt« wie das Orakel von Delphi einst versprach?

Immer wieder kann man Menschen am Grab sehen, die Zwiesprache mit dem Verstorbenen halten und seinen Rat suchen. Auch wenn kein Wort zurückkommt, gehen die Ratsuchenden oft ermutigt oder getröstet nach Hause. »So und nicht anders hätte er/sie auch gehandelt …«

Gibt es nicht zu wenige, die sich unter diesen Toten Freunde und Brüder bewahren und gar suchen? Wer spürt etwas von ihrer Unzufriedenheit, von ihrem stummen Protest gegen unsere Gleichgültigkeit, gegen unsere allfertige Bereitschaft, über sie hinweg zur Tagesordnung überzugehen?
Die Frage nach dem Leben der Toten zu vergessen und zu verdrängen, ist zutiefst inhuman. Es bedeutet, die vergangenen Leiden zu vergessen und zu verdrängen, um uns der Sinnlosigkeit dieser Leiden widerspruchslos zu ergeben. Schließlich macht auch kein Glück der Enkel das Leid der Väter wieder gut, und kein sozialer Fortschritt versöhnt die Ungerechtigkeit, die den Toten widerfahren ist. Wenn wir uns zu lange der Sinnlosigkeit des Todes und der Gleichgültigkeit gegenüber den Toten unterwerfen, werden wir am Ende auch für die Lebenden nur noch banale Versprechen parat haben.

Synodenbeschluss »Unsere Hoffnung«

Wir glauben daran, dass die Toten nicht einfach vergangen sind, sondern leben. Wir glauben an die Gemeinschaft der Lebenden mit den Toten. Gott selbst ist Garant dafür. Er hat uns Leben zugesichert, das nicht durch den Tod zerstört wird. Die Sprache der Verständigung zwischen den Lebenden und den Toten ist das Gebet. Im Gebet öffnen und offenbaren wir uns mit unserem Denken und Fühlen, mit unseren Fragen und Antworten, mit unserem Suchen und Finden. Wir werden offen für Gottes Gegenwart.

Choral

Nun wird es Zeit zu danken
eh Herz und Auge bricht
für alle Gottesgaben
für Leben, Luft und Licht –

Zu danken für die Eltern
die mir in dieser Welt
die blinden Kinderfüße
auf graden Weg gestellt –

Zu danken für die Freundschaft
die mir zur Seite ging
und oft mit starken Armen
den Taumelnden umfing –

Zu danken für die Liebe
die ich so oft verriet:
sie aber sang, die treue
das ewge Liebeslied –

Zu danken für die Enkel:
wie blüht das Leben fort!
Wie mir sei Gott euch gnädig
an jedem Lebensort –

Zu danken für die Freuden:
Wie war die Welt so schön
um staunend voll Entzücken
von Glück zu Glück zu gehen –

Zu danken für die Leiden:
sie sühnen dunkle Schuld
und prüfen Herz und Nieren
im Abgrund der Geduld –

Zu danken für die Tränen
des Lachens wie der Not:
die Not, ach, bittre Speise
das Lachen gut wie Brot –

Zu danken für die Gaben
der Kunst, der ich gehört
die mich seit Knabenjahren
besessen und betört –

Zu danken für die Vielen
die meinen Sinn erfühlt
und meine Sprache liebten:
für sie hab ich gespielt –

Dank für die Welt von Träumen
Dank für die Wirklichkeit
Dank, dass ich nie dem Nichts erlag
in dieser schwarzen Zeit –

Nun wird es Zeit zu danken …
Das Wort vermag es nicht!
Doch Du nimm den Verstummten
Herr, wortlos heim ins Licht.

Ernst Ginsberg

Botschaft der Verstorbenen

Im Gebet zu den Verstorbenen öffnen wir uns ihrer Botschaft. Die Botschaft ihrer Erfahrung könnte sein:

- Denke daran, dass du auch sterben musst.
- Der Tod ist nicht das Letzte. Du wirst leben!
- Wenn du stirbst, wirst du nicht mitnehmen, was du hast, sondern was du gegeben hast.
- Alles, was du an Liebe, an Gerechtigkeit und an Frieden geschenkt hast, wird unvergänglich bleiben.
- Deine Schuld wird dir vergeben werden. Gottes Gerechtigkeit wird dich aufrichten.
- Und noch etwas: Du lebst nicht umsonst!

Wenn wir so Gemeinschaft mit unseren Toten halten, gewinnt das Leben an Menschlichkeit. Es verliert etwas von der unerbittlichen Härte im Kampf gegeneinander. Wer in Kontakt mit den Verstorbenen bleibt, setzt für sein Leben andere Maßstäbe. Er rückt die oft ver-rückten Werte im menschlichen Miteinander wieder zurecht.

Im Chor der Kirche des Benediktinerklosters Königsmünster (Sauerland) wird das Halbrund der betenden Mönche ergänzt durch das entgegengesetzte Halbrund der Mönchsgräber, die unten in der Krypta zu finden sind. »Erst der Kreis ist das ganze Kloster. Wir leben mit den Toten«, sagt der Pater bei der Kirchenführung. Hier hat das Orakel von Delphi sozusagen seine christliche Erfüllung gefunden.

Unsere Toten gehören zu den Unsichtbaren, aber nicht zu den Abwesenden.

Papst Johannes XXIII.

8. Kapitel

Gottesdienste, Gebete, Texte und Symbole der Trauer und Hoffnung

Sterbebeistand in der katholischen Kirche

Die Feier der Krankensalbung

Bei der Krankensalbung sollten möglichst die Angehörigen anwesend sein. Dies gilt auch für die Feier der Krankensalbung im Krankenhaus oder im Alten- bzw. Pflegeheim. Der Kranke weiß sich so getragen von der Gemeinschaft seiner Mitmenschen und der Gemeinschaft mit Gott.

Für die häusliche Feier der Krankensalbung stellen Sie auf einem Tisch im Zimmer des Kranken bereit:

- das Kreuz als Zeichen der Erlösung;
- ein oder mehrere Kerzen als Zeichen des auferstandenen Herrn, der das »Licht des Lebens« ist;
- Weihwasser, das an die Taufe und die Gemeinschaft mit Christus erinnert;
- etwas Watte.

Die liturgische Feier besteht aus dem Begrüßungswort, dem Wortgottesdienst mit Schuldbekenntnis, Schrifttext und Fürbittgebet sowie dem sakramentalen Gottesdienst: Nach den Fürbitten legt der Priester dem Kranken schweigend die Hände auf. Dann salbt er die Stirn des Kranken:

Durch diese heilige Salbung helfe dir der Herr in seinem reichen Erbarmen, er stehe dir bei mit der Kraft des Heiligen Geistes.

Alle: Amen.

Der Priester salbt dann die Hände des Kranken:

Der Herr, der dich von Sünden befreit, rette dich, in seiner Gnade richte er dich auf

Alle: Amen.

Priester: Lasst uns beten:

Wir bitten dich, Herr unser Erlöser: durch die Kraft des Heiligen Geistes hilf diesem (dieser) Kranken in seiner (ihrer) Schwachheit. Heile seine (ihre) Wunden und verzeih ihm (ihr) die Sünden. Nimm von ihm (ihr) alle geistigen und körperlichen Schmerzen. In deinem Erbarmen richte ihn (sie) auf und mache ihn (sie) gesund an Leib und Seele: Der du lebst und herrschst in alle Ewigkeit.

Alle: Amen.

Wer mein Fleisch isst und mein Blut trinkt,
hat das ewige Leben
und ich werde ihn auferwecken
am Letzten Tage.

Johannes 6,54

Die Wegzehrung

Das eigentliche Sakrament im Angesicht des Todes – das »Sterbesakrament« – ist die Feier und der Empfang der heiligen Kommunion. Sie wird auch »Wegzehrung« genannt, weil sie Nahrung und Stärkung auf dem Weg von diesem Leben ins ewige Leben sein soll. Ihre Spendung erfolgt — im Gegensatz zur Krankensalbung — in unmittelbarer Todesgefahr. Wenn möglich, sollte dies im Rahmen einer Eucharistiefeier am Sterbebett geschehen. Damit der Sterbende möglichst noch bei vollem Bewusstsein die Eucharistie empfangen kann, sollte der Empfang der Wegzehrung nicht unnötig hinausgeschoben werden. Beim Empfang der Wegzehrung erneuert der Kranke noch einmal das Bekenntnis des Glaubens, das schon bei seiner Taufe gesprochen wurde und das er selbst bei der Erstkommunion und Firmung erneuert hat:

Glaubst du an Gott Vater … an Jesus Christus … an den Heiligen Geist …

Antwort: Ich glaube.

Bei der Spendung der heiligen Kommunion sagt der Priester: Christus bewahre und führe dich zum ewigen Leben.

Zum Schluss betet der Priester: Gott, dein Sohn ist für uns der Weg, die Wahrheit und das Leben. Schau gnädig her auf deinen Diener (deine Dienerin); er (sie) hat sich deinen Verheißungen anvertraut und ist gestärkt durch den Leib und das Blut deines Sohnes. Lass seine (ihre) Hoffnung nicht zu schanden werden.

Gib, dass er (sie) in Frieden das Kommen deines Reiches erwarte. Durch Christus unseren Herrn.

Alle: Amen.

Möge Gottes Auge auf dir ruhen;
möge sein Ohr dich hören;
möge sein Wort für dich sprechen;
möge seine Hand dich segnen.

Irischer Segensspruch

Sterbebeistand in der evangelischen Kirche

Abendmahl und Segen

Die Krankensalbung, die auf das Neue Testament (Jakobus 5,14) zurückgeht, und die noch Martin Luther empfohlen hat, wird in den evangelischen Gemeinden nicht mehr erteilt. Den Kranken kann jedoch als letzte Wegzehrung und Stärkung das heilige Abendmahl gespendet werden.

In jedem Fall können die Angehörigen und der Pfarrer bzw. die Pfarrerin mit dem Sterbenden beten. Hierzu eignen sich besonders Gesangbuchverse, Psalmen und andere Worte aus der Bibel sowie das Vaterunser.

Wenn ich einmal soll scheiden,
so scheide nicht von mir,
wenn ich den Tod soll leiden,
so tritt du dann herfür;
Wenn mir am allerbängsten
wird um das Herze sein,
so reiß mich aus den Ängsten
kraft deiner Angst und Pein.

Paul Gerhardt

Der Pfarrer oder die Pfarrerin können auch den Segen durch Handauflegung geben. Ebenso können dies andere christliche Gemeindemitglieder tun. Ein solcher Segen wird auch »Valetsegen« (Abschiedssegen) genannt. Man kann ihn auch spenden und sprechen, wenn der Tod bereits eingetreten ist.

Es segne dich Gott, der Vater,

der dich nach seinem Ebenbild geschaffen hat.

Es segne dich Gott, der Sohn,

der dich durch sein Leiden und Sterben erlöst hat.

Es segne dich Gott, der Heilige Geist,

der dich zu seinem Tempel bereitet und geheiligt hat.

Der treue und barmherzige Gott

wolle dich durch seine Engel geleiten in das Reich,

in dem seine Auserwählten ihn ewiglich preisen.

Unser Herr Jesus Christus sei in dir, dass er dich erquicke.

Der dreieinige Gott (hier machen Sie über dem Sterbenden

mit der Hand das Zeichen des Kreuzes)

sei dir gnädig im Gericht und segne dich zum ewigen Leben.

Amen.

Gebete in der Sterbestunde

Gebete können dem Sterbenden, der noch bei Bewusstsein ist, helfen, die Angst vor dem Tod zu bewältigen. Sie können die Hoffnung auf die Auferstehung wachhalten. Es wäre schön, wenn Familienmitglieder oder auch das Pflegepersonal mit dem Sterbenden gemeinsam oder – falls es nicht anders geht – auch allein beten. Es muss nicht unbedingt ein Geistlicher zugegen sein. Das gilt auch für die Gebete nach dem Eintritt des Todes. Wir sollten hier keine falsche Scheu voreinander haben. Das Gebet tut uns und dem Sterbenden gut.

Oft ist es hilfreich, diesen Trost auch durch ein sichtbares Zeichen auszudrücken, indem man dem Sterbenden ein Kreuz auf die Stirn zeichnet, wie es zum ersten Mal bei seiner Taufe geschehen ist. Die Gebete und Texte sollten so ausgewählt werden, dass sie immer dem geistigen und körperlichen Zustand des Sterbenden, den jeweiligen Umständen und der Verfassung aller beteiligten Personen angepasst sind. Sie mögen langsam vorgetragen werden, mit verhaltener Stimme und mit Pausen der Stille. Das eine oder andere kurze Stoßgebet kann auch mehrmals wiederholt werden.

Gebet des Herrn

Vater unser im Himmel,
geheiligt werde dein Name.
Dein Reich komme.
Dein Wille geschehe, wie im Himmel so auf Erden.
Unser tägliches Brot gib uns heute.
Und vergib uns unsere Schuld,
wie auch wir vergeben unsern Schuldigern.
Und führe uns nicht in Versuchung,
sondern erlöse uns von dem Bösen.
Denn dein ist das Reich und die Kraft und die Herrlichkeit
in Ewigkeit.
Amen.

Ave Maria

Gegrüßet seist du, Maria,
voll der Gnade,
der Herr ist mit dir.
Du bist gebenedeit unter den Frauen,
und gebenedeit ist die Frucht deines Leibes, Jesus.
Heilige Maria, Mutter Gottes,
bitte für uns Sünder jetzt und in der Stunde unseres Todes.
Amen.

Apostolisches Glaubensbekenntnis

Ich glaube an Gott,
den Vater, den Allmächtigen,
den Schöpfer des Himmels und der Erde,
und an Jesus Christus, seinen eingeborenen Sohn, unsern Herrn,
empfangen durch den Heiligen Geist,
geboren von der Jungfrau Maria,
gelitten unter Pontius Pilatus,
gekreuzigt, gestorben und begraben,
hinabgestiegen in das Reich des Todes,
am dritten Tage auferstanden von den Toten,
aufgefahren in den Himmel;
er sitzt zur Rechten Gottes,
des allmächtigen Vaters;
von dort wird er kommen,
zu richten die Lebenden und die Toten.
Ich glaube an den Heiligen Geist,
die heilige katholische (in der evangelischen Kirche: christliche) Kirche,
Gemeinschaft der Heiligen,
Vergebung der Sünden,
Auferstehung der Toten und das ewige Leben.
Amen.

Ehre sei dem Vater

Ehre sei dem Vater und dem Sohn und dem Heiligen Geist,
wie im Anfang, so auch jetzt und alle Zeit und in Ewigkeit.
Amen.

Gebete des Sterbenden

In meiner Todesstunde rufe mich
zu dir zu kommen heiße mich.

Vater, in deine Hände
lege ich voll Vertrauen meinen Geist.

Herr Jesus, nimm mich zu dir.

Herr, gedenke meiner in deinem Reich.

Herr, dein Wille geschehe.

Alles, was ich bin und habe, lege ich in deine Hände zurück.
Schenk mir deine vergebende Liebe.

Hilf mir, dass ich allen vergeben kann.

Nimm hin mein Leben und verwandle es.

Lass mich auferstehen und ewig leben in deiner Herrlichkeit.

Gebet für verstorbene Eltern

Herr und Gott, du hast uns ins Herz gelegt
Vater und Mutter in besonderer Weise zu lieben.
So bitten wir dich inständig,
erbarme dich unserer verstorbenen Eltern;
verzeihe ihnen, was sie gesündigt haben,
und gib, dass wir sie einst in der Freude
der ewigen Verklärung wiedersehen.
Durch Christus unseren Herrn.
Amen.

Gebet um neue Hoffnung

Herr,
ich verstehe den Tod nicht,
auch nicht beim Anblick eines Toten.
Ich weiß,
auch ich werde sterben
irgendwann
oder demnächst …
Dein Wort verheißt ewiges Leben,
denen, die auf dich hoffen.
Auch das verstehe ich nicht.
Aber ich möchte hoffen,
ich möchte vertrauen,
ich möchte glauben,
ich möchte leben! –
Herr, dein Wille geschehe.
Amen.

Dank für einen Verstorbenen

Wir danken dir, Herr Gott,
für diesen Menschen, der so nahe und kostbar war
und der uns plötzlich entrissen ist aus unserer Welt.
Wir danken dir für alle Freundschaft,
die von ihm ausgegangen,
für allen Frieden, den er gebracht hat;
wir danken dir für all seine Liebenswürdigkeit.
Wir bitten dich, Herr, dass wir alle, die mit ihm verbunden sind,
auch angesichts seines Todes, tiefer miteinander verbunden seien.
Lass uns gemeinsam deiner Verheißung eines neuen Zusammenseins
in deinem Reich vertrauen.
Du bist treu über den Tod hinaus.
Amen.

Gebet für einen nahestehenden Menschen

Herr, (Name) ist tot.
Ich muss es ganz begreifen, was das ist, Herr.
Sein Blick wird mich nie mehr treffen;
seine Hand meine Hand nie mehr halten;
er ist tot; er ist nicht mehr hier.
Du bist die Auferstehung und das Leben.
Wer an dich glaubt, wird leben,
auch wenn er gestorben ist.
Amen.

Gebet für den verstorbenen Ehepartner

Vater, du hast meinen Mann (meine Frau)
zu dir genommen.
Wir sind ein Stück unsres Lebens
miteinander gegangen.
Wir haben vieles miteinander geteilt,
Freud und Leid, frohe und schwere Stunden.
Es war schön,
wenn es auch nicht immer leicht war.
Dafür danke ich dir.
Nun hat mein Mann (meine Frau) zuerst das Ziel erreicht.
Ich bleibe allein zurück.
Lohne ihm (ihr) alle Liebe und Treue
mit ewiger Freude;
mir aber gib Kraft zu sagen:
dein Wille geschehe,
auch wenn dein Weg unbegreiflich ist.
Und lass uns im Himmel mit dir vereint sein.
Maria, Trösterin der Betrübten,
bitte für uns.
Amen.

Gebet für ein verstorbenes Kind

Gott, himmlischer Vater,
du hast unser Kind von uns genommen.
Voll Trauer und Schmerz stehen wir vor unserem toten Kind.
Warum wurde sein Leben so früh beendet?
Schenke uns deinen Trost, und stärke uns im Glauben,
damit wir nicht verzweifeln.
Erfülle uns mit lebendiger Hoffnung
auf die Auferstehung und ein Wiedersehen.
Und lass uns die ewige Herrlichkeit
mit unserem Kind erlangen.
Amen.

Gebete großer Persönlichkeiten

O mein himmlischer Vater,
Gott und Vater unseres Herrn Jesus Christus.
Du Gott allen Trostes.
Ich danke dir,
dass du mir deinen lieben Sohn Jesus Christus
geoffenbart hast,
an den ich glaube, den ich geliebt und gelobt habe.
Ich bitte dich, mein Herr Jesus Christus,
lass dir meine Seele befohlen sein.
O himmlischer Vater,
ob ich schon diesen Leib lasse
und aus diesem Leben hinweggerissen werden muss,
so weiß ich doch gewiss, dass ich bei dir ewig bleiben
und aus deinen Händen mich niemand entreißen kann.
Denn also hat Gott die Welt geliebt,
dass er seinen eingeborenen Sohn dahingab,
damit alle, die an ihn glauben, nicht verlorengehen,
sondern das ewige Leben haben.
Vater, in deine Hände befehle ich meinen Geist.
Du hast mich erlöst, du treuer Gott.
Aus dem Sterbegebet Martin Luthers

Gott, zu dir rufe ich:
In mir ist es finster, aber bei dir ist Licht;
ich bin einsam, aber du verlässt mich nicht;
ich bin kleinmütig, aber bei dir ist die Hilfe;
ich bin unruhig, aber bei dir ist Frieden;
in mir ist Bitterkeit, aber bei dir ist die Geduld;
ich verstehe deine Wege nicht, aber du weißt (den)
rechten Weg für mich.
Dietrich Bonhoeffer

Bleibe bei uns, Herr,
denn es will Abend werden,
und der Tag hat sich geneigt.
Bleibe bei uns
und bei deiner ganzen Kirche.
Bleibe bei uns
am Abend des Tages,
am Abend unseres Lebens,
am Abend der Welt.
Bleibe bei uns
mit deiner Gnade und Güte,
mit deinem Wort und Sakrament,
mit deinem Trost und Segen.
Bleibe bei uns,
wenn über uns kommt
die Nacht der Trübsal und Angst,
die Nacht des Zweifels und der Anfechtung,
die Nacht der Armut und Flucht,
die Nacht der Einsamkeit und Verlassenheit,
die Nacht der Krankheit und Schmerzen,
die Nacht des bitteren Todes.
Bleibe bei uns
und bei all deinen Gläubigen
in Zeit und Ewigkeit.
Amen.
Gotteslob 18,7

Worte und Texte der Hoffnung und der Trauer

Für Todesanzeigen, Totenbilder, Grabsteine möchte man Worte und Texte finden, die sowohl dem Verstorbenen gerecht werden, aber auch der eigenen Trauer und Hoffnung Ausdruck geben.

Christen bringen bei der Auswahl der Texte und Symbole ihren Glauben an die Auferstehung und ihre Hoffnung auf ein Wiedersehen mit dem/der Verstorbenen zum Ausdruck. Die folgende Sammlung von Worten der Heiligen Schrift, aus der Liturgie sowie bekannter Persönlichkeiten, kann bei dieser Auswahl behilflich sein.

In deine Hände lege ich voll Vertrauen meinen Geist. *(Psalm 31,6)*

Mein Gott, auf dich vertraue ich. *(Psalm 25,1)*

Ich habe dich beim Namen gerufen, du gehörst mir. *(Jesaja 43,1)*

Dein Reich komme. *(Matthäus 6,10)*

Gott ist nicht der Gott der Toten,
sondern der Gott der Lebenden. *(Matthäus 22,32)*

Kommt her, die ihr von meinem Vater gesegnet seid, nehmt das Reich in Besitz, das am Anfang der Welt für euch geschaffen worden ist!
(Matthäus 25,34)

Ich sage euch:
Wer glaubt, hat das ewige Leben. *(Johannes 6,47)*

Ich bin die Auferstehung und das Leben: Wer an mich glaubt, wird leben, auch wenn er stirbt. *(Johannes 11,25)*

Ich bin gekommen,
damit sie das Leben haben
und es in Fülle haben.

Johannes 10,10

Wenn das Weizenkorn nicht in die Erde fällt und stirbt,
bleibt es allein;
wenn es aber stirbt,
bringt es reiche Frucht. *(Johannes 12,24)*

Denn ich bin überzeugt,
dass die Leiden dieser Zeit nichts bedeuten
im Vergleich zu der Herrlichkeit,
die an uns offenbar werden soll. *(Römer 8,18)*

Nun steht aber fest,
dass Christus von den Toten auferweckt worden ist,
er ist der Erste der Entschlafenen. *(1 Korinther 15,20)*

Leben wir, so leben wir im Herrn,
sterben wir, so sterben wir im Herrn,
ob wir leben oder ob wir sterben, wir gehören dem Herrn. *(Römer 14,8)*

Wir wollen euch über die Verstorbenen
nicht in Unkenntnis lassen, damit ihr nicht trauert
wie die anderen, die keine Hoffnung haben.
Wenn Jesus – was wir glauben – gestorben
und auferstanden ist,
dann wird Gott auch um Jesu willen
die Verstorbenen mit ihm vereinen. *(1 Thessalonicher 4,13f.)*

Das Wort ist wahr:
Wenn wir mit Christus gestorben sind,
werden wir auch mit ihm leben. *(2 Timotheus 2,11)*

Er wird jede Träne aus ihren Augen wischen:
Der Tod wird nicht mehr sein,
nicht Trauer noch Klage, noch Mühsal.
Denn die alte Welt ist vergangen. *(Offenbarung 21,4)*

Aus der Liturgie

Der Herr ist auferstanden,
er ist wahrhaft auferstanden. Halleluja. *(Ostersonntag)*

Deinen Gläubigen, o Herr, wird das Leben gewandelt, nicht genommen. *(Totenliturgie)*

Jesus Christus ist für uns alle gestorben, damit wir in Ewigkeit leben. *(Totenliturgie)*

Christus ist das Heil der Welt
und das Leben der Menschen
und die Auferstehung der Toten. *(Totenliturgie)*

Aus Liebe zu uns hat er erduldet das Kreuz,
durch den Tod vernichtet den Tod.
Deine Auferstehung, Christus, hat erhellt die ganze Welt.
Ehre sei dir! *(Aus der byzantinischen Liturgie)*

Worte bekannter Persönlichkeiten

Von guten Mächten wunderbar geborgen,
erwarten wir getrost, was kommen mag.
Gott ist bei uns am Abend und am Morgen
und ganz gewiss an jedem neuen Tag.
Dietrich Bonhoeffer

Aus dem Leben ist er zwar geschieden,
aber nicht aus unserem Leben;
denn wie vermöchten wir ihn tot zu wähnen,
der so lebendig unserem Herzen innewohnt.
Augustinus

Die Bande der Liebe werden mit dem Tod nicht durchschnitten.
Thomas Mann

Wer stirbt, erwacht zum ewigen Leben.
Franz von Assisi

Unruhig ist unser Herz, o Gott, bis es ruht in dir.
Augustinus

Wer Ostern kennt, kann nie verzweifeln.
Dietrich Bonhoeffer

Die Zeit, Gott zu suchen, ist dieses Leben.
Die Zeit, ihn zu finden, ist der Tod.
Die Zeit, ihn zu besitzen, ist die Ewigkeit.
Franz von Sales

In meinem Anfang ist mein Ende, in meinem Ende ist mein Anfang.
Thomas Stearns Eliot

Unsere Toten gehören zu den Unsichtbaren,
aber nicht zu den Abwesenden.
Papst Johannes XXIII.

Symbole auf Anzeigen und Grabsteinen

Die christliche Hoffnung kann auch durch Symbole zum Ausdruck gebracht werden. Die meisten sprechen für sich. Andere aber müssen erst gedeutet werden durch einen Text, da sie sonst vieldeutig bleiben.

Die *Ähre*, für sich genommen, keineswegs ein Zeichen der Auferstehung. In Verbindung mit dem Schriftwort: »Was gesät wird, ist verweslich, was auferweckt wird, unverweslich« (1 Korinther 15,42), kann sie das Wort der Schrift illustrieren.

Das *Kreuz* kann als Lebenszeichen in der Gestalt des Lebensbaumes, des Radkreuzes (Kreuz in der Sonne, die Leben und Fruchtbarkeit darstellt), des Henkelkreuzes und des Ankerkreuzes (Zeichen der Hoffnung) dargestellt werden. Deutende Texte finden sich für das Kreuz in der Heiligen Schrift.

Die *Hand* als Zeichen des Schöpfers und Vollenders ist leicht verständlich. Dieses Zeichen ist in der Bildersprache der Schrift begründet, die besonders in den Psalmen oft von der Rechten Gottes spricht. Ein deutender Text ist z. B.: »Die Rechte des Herrn wirkt mit Macht. Ich werde nicht sterben, sondern leben« (Psalm 118,16f.).

Der *Kranz* entstammt als Symbol ebenfalls der biblischen Welt und gilt als Zeichen des Sieges. Textbeispiel: »Sei treu bis in den Tod; dann werde ich dir den Kranz des Lebens geben« (Offenbarung 2,10); »Glücklich der Mann, der in der Versuchung standhält. Denn wenn er sich bewährt, wird er den Kranz des Lebens erhalten, der denen verheißen ist, die Gott lieben« (Jakobus 1,12).

Das *Lamm* als Zeichen Christi, der sich geopfert hat, ist ein Bild für den erhöhten Herrn, der seinem Volk Anteil an seiner Herrlichkeit gewährt (Offenbarung 5,9f.; 7,17).

Der *gute Hirt*, der sein Leben hingibt für seine Herde, kann als Auferstehungsmotiv Verwendung finden (Johannes 10,11-18).

Das *Licht* (z. B. Jesaja 60,19; Psalm 27,1; Johannes 8,12; Matthäus 25,1-13) ist ein Christussymbol, das keiner Erläuterung bedarf; ebenso die *Sonne*, die bei den Kirchenvätern als Christussymbol in hohem Ansehen stand.

Blumen-Symbolik

Mit der Wahl des Blumenschmucks können bestimmte Wünsche des Verstorbenen wie auch besondere Gefühle der Trauernden zum Ausdruck gebracht werden.

Rote Rosen – sind Ausdruck der Liebe und zugleich – mit ihren Dornen – auch des empfundenen Schmerzes.
Grüner Kranz – ein Symbol der Unvergänglichkeit und des ewigen Lebens. »Ich werde dir den Kranz des Lebens geben« (Offenbarung 2,10).
Buchsbaum – als immergrüne Pflanze auch ein Sinnbild des ewigen Lebens
Iris – Regenbogenblume als Zeichen für den Bund Gottes mit dem Menschen
Klee – Symbol für die Dreifaltigkeit Gottes
Lilie – Sinnbild der Reinheit, des Lichtes und des Lebens
Lavendel – Sinnbild der Bescheidenheit
Narzisse – Osterglocke weist auf die Auferstehung
Akelei – Blume der Anrufung Gottes oder auch Symbol für Maria als Fürsprecherin

Gebet im Haus des Verstorbenen

Wo immer es möglich ist, sollten sich die Angehörigen und Freunde zum gemeinsamen Gebet im Hause des Verstorbenen oder an einem Abend vor der Beerdigung in der Kirche versammeln. Hier könnte etwa ein kurzer Wortgottesdienst gehalten werden.

KURZER WORTGOTTESDIENST

Eröffnung

V: Im Namen des Vaters und des Sohnes und des Heiligen Geistes.

A: Amen.

V: Wir wollen in dieser Stunde des Verstorbenen (der Verstorbenen) gedenken, den (die) Gott aus unserer Mitte zu sich gerufen hat. Für ihn (sie) geht der Glaube über in das Schauen, und die Hoffnung findet ihre endgültige Erfüllung. Er (sie) betritt die ewige Wohnung, die Christus uns im Vaterhaus Gottes bereitet hat. Lasst uns noch einmal die Botschaft hören, auf die wir unser Vertrauen setzen.

Psalmgebete

Kehrvers:
Vertraut auf den Herrn, er ist Hilfe und Schild. (Alle wiederholen den Kehrvers. Der Kehrvers kann auch nach jeweils zwei Psalmversen eingefügt werden.)

Psalm 121,1-8:
Ich hebe meine Augen auf zu den Bergen: Woher kommt mir Hilfe?

Meine Hilfe kommt vom Herrn, der Himmel und Erde gemacht hat.

Er lässt deinen Fuß nicht wanken; er, der dich behütet, schläft nicht.

Nein, der Hüter Israels schläft und schlummert nicht.

Der Herr ist dein Hüter, der Herr gibt dir Schatten; er steht dir zur Seite.

Bei Tag wird dir die Sonne nicht schaden noch der Mond in der Nacht.

Der Herr behüte dich vor allem Bösen, er behüte dein Leben.

Der Herr behüte dich, wenn du fortgehst und wiederkommst,
von nun an bis in Ewigkeit.

Gebet

V: Lasst uns beten:
Herr, unser Gott, wir empfehlen dir unseren Bruder (unsere Schwester) N.N. In den Augen der Welt ist er (sie) tot. Lass ihn (sie) leben bei dir. Und was er (sie) aus menschlicher Schwäche gefehlt hat, das tilge du in deinem Erbarmen. Durch Christus, unsern Herrn.

A: Amen.

V: Heiliger Herr, allmächtiger Vater, ewiger Gott, in deinem Sohn Jesus Christus leuchtet uns die Hoffnung der Auferstehung. Wohl drückt das Todeslos uns nieder. Doch die Verheißung künftiger Unsterblichkeit richtet uns auf. Deinen Gläubigen, Herr, kann das Leben nicht genommen werden, es wird neu gestaltet. Wenn die Herberge irdischer Pilgerschaft zerfällt, steht uns im Himmel eine ewige Heimat bereit.
Diese Hoffnung, o Gott, mache in unseren Herzen lebendig, und lass sie unser Trost sein in der Trauer. Bereite uns durch deinen Heiligen Geist für jenen großen Tag der Herrlichkeit, da du alle Toten auferwecken wirst. Hilf, dass wir vor deinem Angesicht bestehen können und mit allen, die uns vorangegangen sind, dich schauen dürfen. Durch Christus, unseren Herrn.

A: Amen.

V: Sei ihnen gnädig – **A:** verschone sie, o Herr.

V: Sei ihnen gnädig – **A:** erhöre sie, o Herr.

V: Von den Leiden ihrer Läuterung – **A:** erlöse sie, o Herr.

V: Von aller Schuld und Strafe –
Durch den Reichtum deiner Liebe –
Durch die Geburt deines Sohnes –
Durch seine Taufe und sein heiliges Fasten –
Durch seine Angst und Not am Ölberg –
Durch seine grausame Geißelung –
Durch seine schmachvolle Krönung –
Durch seinen schmerzlichen Kreuzweg –
Durch seine heiligen Wunden –
Durch seinen bitteren Tod –
Durch seine glorreiche Auferstehung und Himmelfahrt –
Durch die Sendung des Heiligen Geistes –

V: Wir armen Sünder – **A:** wir bitten dich, erhöre uns.

V: Schenke allen Toten deinen Frieden – **A:** wir bitten dich, erhöre uns.

V: Führe sie zur Anschauung deiner Herrlichkeit –
Rufe sie zum Gastmahl des ewigen Lebens –
Erbarme dich jener, an die niemand denkt –
Erlöse alle, an deren Sünden wir mitschuldig sind –

V: Lass unsere verstorbenen Eltern,
Verwandten und Freunde
bei dir ewige Heimat finden.
Führe unsere verstorbenen Seelsorger und Wohltäter in dein ewiges Licht.
Nimm die Verstorbenen unserer Gemeinde
auf in dein himmlisches Reich.
Gib den Opfern der Unfälle, Katastrophen
und Kriege das ewige Heil.
Lass alle auferstehen zur Herrlichkeit.

V: Lamm Gottes, du nimmst hinweg die Sünde der Welt.

A: Erbarme dich unser.

V: Lamm Gottes, du nimmst hinweg die Sünde der Welt.

A: Erbarme dich unser.

V: Lamm Gottes, du nimmst hinweg die Sünde der Welt.

A: Gib uns deinen Frieden.

V: Lasset uns beten:
Himmlischer Vater, wir empfehlen alle Verstorbenen deiner Barmherzigkeit. Schenke ihnen Nachlass aller Schuld und Strafe. Vollende, was du in ihnen begonnen hast, und führe sie in das Reich des Lichtes und des Friedens. Durch Christus, unsern Herrn.

A: Amen.

Fürbitten

Statt der Litanei können Fürbitten gebetet werden.

V: Lasset uns beten für unseren verstorbenen Bruder (unsere verstorbene Schwester) N.N. Vater im Himmel, nimm ihn (sie) auf in deinen Frieden.

A: Wir bitten dich, erhöre uns.

V: Lass alles Gute seines (ihres) Lebens Frucht bringen.

A: Wir bitten dich, erhöre uns.

V: Vergib ihm (ihr), was er (sie) in seinem (ihrem) Leben gefehlt hat.

A: Wir bitten dich, erhöre uns.

V: Tröste die Angehörigen des (der) Verstorbenen.

A: Wir bitten dich, erhöre uns.

V: Nimm alle Menschen, die heute sterben, in dein Reich auf.

A: Wir bitten dich, erhöre uns.

ROSENKRANZ

Ein guter Brauch in manchen Gegenden ist auch das gemeinsame Rosenkranzgebet.

Zu fünf Gesätzen des Rosenkranzes

Jesus, der für uns gekreuzigt worden ist

Zur Besinnung:
Jesus wird mit Nägeln ans Kreuz geschlagen: Er breitet seine Arme nach uns aus. Jesus hängt einsam zwischen Himmel und Erde: Er nimmt unsere Gottverlassenheit auf sich. Jesus wird gerichtet wie ein Verbrecher: Er sühnt unsere Schuld. Jesus erleidet den bitteren Tod: Er schließt uns das Tor zum Leben auf.

Jesus, der von den Toten auferstanden ist

Zur Besinnung:
Jesus steigt hinab in das Reich des Todes. Er zerbricht die Pforten der Unterwelt. Er geht herrlich aus dem Grab hervor. Er bringt seinen Jüngern den Frieden. Das Herzstück des Friedens ist die Vergebung der Sünden. Sie bleibt sein kostbares Ostergeschenk an uns.

Jesus, der in den Himmel aufgefahren ist

Zur Besinnung:
Jesus ist Herr über Himmel und Erde. Seine Herrlichkeit hat kein Auge geschaut und kein Ohr gehört. Er hebt seine Hände für uns auf zum Vater. Er beugt sich vom Himmel über uns herab. Er öffnet uns den Weg zum Vater und ist dabei, uns eine ewige Wohnung zu bereiten.

Jesus, der dich, o Jungfrau, in den Himmel aufgenommen hat

Zur Besinnung:
Jesus holt seine Mutter Maria aus dem Tod ins Leben. Er lässt sie allen Erlösten vorangehen. Er macht sie zum leuchtenden Stern über dem Meer unserer Zeiten. Er stellte sie uns vor als strahlendes Bild unserer Vollendung.

Jesus, der alles vollenden wird

Zur Besinnung:
Jesus wird alle Tränen abwischen und alle Sehnsucht der Welt erfüllen. Er wird die neue Schöpfung mit seiner Herrlichkeit erfüllen und zu einem Land des Lichtes und des Friedens machen. Er wird die Erlösten zum Mahl der Seligkeit geleiten und sie das neue Lied des Dankes lehren. Das vollendete Reich wird er dem Vater übergeben. Dann wird Gott alles in allem sein.

Das christliche Begräbnis

In den Gottesdiensten der Gemeinde begleiten die Gläubigen ihren Toten mit Gebet und Fürbitten zum Grab. So verkündigen die Hinterbliebenen, was das Evangelium über Leben und Tod und über Zeit und Ewigkeit sagt. Die Gottesdienste können im Haus, in der Kapelle, in der Kirche oder auch im Krematorium und als Feier am Grab begangen werden. Je nach Brauch werden diese Gottesdienste miteinander verbunden. So etwa in der katholischen Kirche die Feier einer heiligen Messe für den Verstorbenen mit dem anschließenden Begräbnis.

Die Begräbnisfeier in der evangelischen Kirche

Zur kirchlichen Bestattung gehören die Verkündigung des Evangeliums, Lieder, Gebete, Fürbitten und der Segen. Die Predigt spricht vom Ernst des Todes und tröstet die Trauernden mit der Botschaft der Auferstehung. Sie gedenkt auch des/der Verstorbenen und bezeugt dankbar, was Gott an ihm/ihr und durch ihn/sie getan hat.

Bestattungsgebet

Herr Gott, du hast Macht über Leben und Tod,
du bist der Herr der Geister und allen Fleisches,
du tötest und machst wieder lebendig,
du führst in die Hölle und wieder heraus.
Du hast den Menschen geschaffen
und ziehst deine Heiligen zu dir,
dass sie bei dir Ruhe finden.
Du allein bist unvergänglich und unwandelbar;
du veränderst und wandelst deine Geschöpfe
und gibst ihnen eine neue Gestalt.
Wir bitten dich für unseren entschlafenen Bruder
(unsere entschlafene Schwester):

Lass ihn (sie) ruhen in deinem Frieden,
erwecke ihn (sie) an dem Tage, den du nach deinen
untrüglichen Verheißungen heraufführen wirst,
und gib ihm (ihr) das Erbe der Heiligen
in deinem ewigen Reich.
Gedenke nicht seiner (ihrer) Sünden
und gib, dass sein (ihr) Ausgang voll Frieden sei.
Heile die Trauer derer, die um ihn (sie) Leid tragen,
mit deinem Trost und schenke uns allen ein gutes Ende.
Um Jesus Christi, unseres Herrn, willen.
Nach einem Gebet des Bischofs Serapion, 4. Jahrhundert

Bestattungswort

Nachdem es dem allmächtigen Gott gefallen hat,
unsern Bruder (unsere Schwester, dieses Kind) N.N.
aus diesem Leben abzurufen,
legen wir seinen (ihren) Leib in Gottes Acker,
dass er wieder zur Erde werde, davon er genommen ist:
(unter dreimaligem Erdwurf)
Erde zur Erde, Asche zur Asche, Staub zum Staube.
Wir befehlen unsern Bruder (unsere Schwester, dieses Kind)
in Gottes Hand.
Jesus Christus wird ihn (sie, es) auferwecken am Jüngsten Tage.
Er sei ihm (ihr) gnädig im Gerichte
und helfe ihm (ihr) auf zu seinem ewigen Reich.
Er (Sie) ruhe im Frieden unter der gnädigen Hand Gottes, des Vaters
und des Sohnes und des Heiligen Geistes.
Amen.
Agende III der VELKD

Das Begräbnis in der katholischen Kirche

Je nach den örtlichen Gegebenheiten kann der Verlauf der Begräbnisfeier unterschiedlich sein. Sie besteht jedoch immer aus einem Wortgottesdienst und dem Beerdigungsritus.

Eröffnung

Wenn die Gemeinde versammelt ist, eröffnet der/die Seelsorger/in (S) die Feier mit dem Kreuzzeichen:
Im Namen des Vaters und des Sohnes und des Heiligen Geistes
und begrüßt die Versammelten mit einem Schriftwort oder mit persönlichen Worten.

S: Herr Jesus Christus, du hast uns den Weg zum Vater gezeigt:
Herr, erbarme dich.
A: Herr, erbarme dich.
S: Du hast durch deinen Tod der Welt das Leben geschenkt:
Christus, erbarme dich.
A: Christus, erbarme dich.
S: Du hast uns im Hause deines Vaters eine Wohnung bereitet:
Herr, erbarme dich.
A: Herr, erbarme dich.

Wortgottesdienst

Wenn unmittelbar vor oder nach dem Begräbnis die Eucharistiefeier stattfindet, bleibt der Wortgottesdienst in gewohnter Weise damit verbunden. Sonst wird er für gewöhnlich in der Friedhofskapelle oder auch am Grab gehalten.

Nach der Schriftlesung und der Homilie (Predigt) können alle des Verstorbenen in Stille gedenken.

Der Wortgottesdienst schließt mit einem Gebet ab.
Es kann mit Anrufungen eingeleitet werden:

S: Zu unserem Herrn Jesus Christus beten wir voll Vertrauen für unseren Bruder (unsere Schwester). Erlöse ihn (sie), o Herr!

A: Erlöse ihn (sie), o Herr!

S: Von aller Schuld.

A: Erlöse ihn (sie), o Herr!

S: Durch deine Menschwerdung.

A: Erlöse ihn (sie), o Herr!

S: Durch dein Kreuz und Leiden.

A: Erlöse ihn (sie), o Herr!

S: Durch deinen Tod und deine Auferstehung.

A: Erlöse ihn (sie), o Herr!

S: Durch deine Wiederkunft in Herrlichkeit.

A: Erlöse ihn (sie), o Herr!

Auf dem Weg zum Grab kann die Trauergemeinde des (der) Verstorbenen still gedenken oder gemeinsam den Rosenkranz beten. Als Gesang oder Gebet eignet sich auch die Litanei für Verstorbene.

Beisetzung

Der/die Seelsorger/in leitet die Beisetzung mit einem Gebet oder einem persönlichen Wort ein. Zum Einsenken des Sarges wird ein Schriftwort gesungen oder gesprochen:

Ich bin die Auferstehung und das Leben. Wer an mich glaubt, wird leben, auch wenn er stirbt, und jeder, der lebt und an mich glaubt, wird in Ewigkeit nicht sterben. (Johannes 11,25–26)

S: Wir übergeben den Leib der Erde. Christus, der von den Toten auferstanden ist, wird auch unseren Bruder (unsere Schwester) N.N. zum Leben erwecken.

Er/sie sprengt Weihwasser auf den Sarg:

S: Im Wasser und im Heiligen Geist wurdest du getauft. Der Herr vollende an dir, was er in der Taufe begonnen hat.

Er/sie wirft Erde auf den Sarg:

S: Von der Erde bist du genommen, und zur Erde kehrst du zurück. Der Herr wird dich auferwecken.

Er/sie macht das Kreuzzeichen über das Grab:

S: Im Kreuz unseres Herrn Jesus Christus ist Auferstehung und Heil. Der Friede sei mit dir!

Gebet für Verstorbene und Lebende

S: Lasset uns das Erbarmen unseres Herrn Jesus Christus anrufen für alle Verstorbenen. Christus, Erlöser der Welt!
Reinige sie von Schuld und Sünde.

A: Wir bitten dich, erhöre uns.

S: Vollende sie in deinem Leben.

A: Wir bitten dich, erhöre uns.

S: Wir beten auch für jene, die um diesen Verstorbenen (diese Verstorbene) trauern. Tröste sie in ihrem Schmerz.

A: Wir bitten dich, erhöre uns.

S: Festige ihren Glauben und stärke ihre Hoffnung.

A: Wir bitten dich, erhöre uns.

S: Wir beten für uns selbst und alle Lebenden, besonders für den aus unserer Mitte, der als erster dem Verstorbenen (der Verstorbenen) vor das Angesicht Gottes folgen wird. Schenke uns Reue und Umkehr.

A: Wir bitten dich, erhöre uns.

S: Stärke und erhalte uns in deinem Dienst.

A: Wir bitten dich, erhöre uns.

Das Gebet des Herrn

S: Lasset uns beten, wie der Herr uns zu beten gelehrt hat:
A: Vater unser im Himmel,
Geheiligt werde dein Name. Dein Reich komme.
Dein Wille geschehe, wie im Himmel so auf Erden.
Unser tägliches Brot gib uns heute.
Und vergib uns unsere Schuld,
wie auch wir vergeben unsern Schuldigern.
Und führe uns nicht in Versuchung,
sondern erlöse uns von dem Bösen.
Denn dein ist das Reich und die Kraft und die
Herrlichkeit in Ewigkeit.
Amen.

Abschließendes Segenswort

S: Herr, gib ihm (ihr) und allen Verstorbenen die ewige Ruhe.
A: Und das ewige Licht leuchte ihnen.
S: Lass sie ruhen in Frieden.
A: Amen.

Begleitung, wenn ein kirchliches Begräbnis nicht möglich ist

Wenn ein kirchliches Begräbnis nicht möglich ist, kann es aus pastoralen Gründen geboten erscheinen, die Angehörigen bei der Bestattung der/des Verstorbenen zu begleiten. In diesem Fall trägt der Priester, Diakon oder beauftragte Laie keine liturgische Kleidung. Auch sonst ist alles zu vermeiden, was nach den Ortsgewohnheiten Kennzeichen einer kirchlichen Begräbnisfeier sind.

In der Trauerhalle

Musik

Worte zur Einführung

Vorbeter (V) kann mit diesen oder ähnlichen Worten einführen:

Verehrte Angehörige von Herrn/Frau N.N.

Heute müssen Sie Abschied nehmen von Herrn/Frau N.N. (Ihrer Frau, Ihrem Mann, Ihrer Mutter ...) und ihren/seinen Leichnam bestatten. Wir alle, die wir hier versammelt sind, begleiten Sie dabei. So können wir Ihnen in der schmerzvollen Stunde des Abschieds unsere Anteilnahme zeigen. Mit Ihnen stehen wir vor dem Geheimnis des Lebens und Sterbens.

(Herr/Frau N.N. war nicht Mitglied der katholischen Kirche; Herr/Frau N.N. hatte sich von der katholischen Kirche getrennt; Herr/Frau N.N. wünschte kein kirchliches Begräbnis. – Dies müssen wir respektieren.)

Unser Glaube aber sagt uns, dass jeder Mensch von Gott geschaffen und geliebt ist. In diesem Glauben dürfen wir zusammen mit Ihnen die Verstorbene/den Verstorbenen dem Erbarmen Gottes empfehlen und um Trost für die Trauernden beten.

Gebet

Im Folgenden kann ein Psalm, z. B. Psalm 121; 130; 142 oder ein Gebet von V. oder einem anderen Mitglied der Trauergemeinde gesprochen werden:

Gott, Schöpfer der Welt,
aus Liebe hast du (Herrn/Frau) N.N. das Leben geschenkt.
In Liebe lässt du uns nun Abschied nehmen von ihr/ihm.
Stärke unsere Hoffnung,
dass du die Zukunft aller Menschen bist.
Sei du der Trost aller Trauernden
durch Jesus Christus, unseren Herrn.
A: Amen.

oder:

Gott und Vater unseres Herrn Jesus Christus,
du hast deinen Sohn in die Welt gesandt, um alle Menschen zu erlösen.
Schau voll Erbarmen auf uns,
die wir jetzt von (Herrn/Frau) N.N. Abschied nehmen.
Schenke uns einst mit allen,
die uns im Leben nahe standen,
Gemeinschaft in deinem Reich
durch Jesus Christus, unseren Herrn.
A: Amen.

Schriftlesung

Nun kann eine Schriftlesung vorgetragen werden. Sie wird von einem Mitglied der Trauergemeinde oder, wenn dies nicht möglich ist, von V. vorgelesen.

Der Tod wird nicht mehr sein,
keine Trauer, keine Klage, keine Mühsal.

Lesung aus der Offenbarung des Johannes (*Offenbarung 21,1-7*):
Ich sah die heilige Stadt, das neue Jerusalem, von Gott her aus dem Himmel herabkommen; sie war bereit wie eine Braut, die sich für ihren Mann geschmückt hat.
Da hörte ich eine laute Stimme vom Thron her rufen:
Seht, die Wohnung Gottes unter den Menschen! Er wird in ihrer Mitte wohnen, und sie werden sein Volk sein; und er, Gott, wird bei ihnen sein. Er wird alle Tränen von ihren Augen abwischen: Der Tod wird nicht mehr sein, keine Trauer, keine Klage, keine Mühsal. Denn was früher war, ist vergangen. Er, der auf dem Thron saß, sprach:
Seht, ich mache alles neu. Und er sagte: Schreib es auf, denn diese Worte sind zuverlässig und wahr. Er sagte zu mir:
Sie sind in Erfüllung gegangen. Ich bin das Alpha und das Omega, der Anfang und das Ende. Wer durstig ist, den werde ich umsonst aus der

Quelle trinken lassen, aus der das Wasser des Lebens strömt. Wer siegt, wird dies als Anteil erhalten: Ich werde sein Gott sein, und er wird mein Sohn sein.

Ansprache – Stilles Gedenken – Musik

Gang zum Grab

V. geht nicht vor dem Sarg, sondern begleitet die Angehörigen zum Grab.

Am Grab

Beisetzung – Gebet des Herrn – Segenswort

Zum Abschluss kann V. sich den Trauernden zuwenden und ein Segenswort sprechen.

V: Der Herr segne und behüte uns.
Der Herr lasse sein Angesicht über uns leuchten und sei uns gnädig.
Der Herr wende uns sein Antlitz zu und schenke uns seinen Frieden.

A: Amen.

9. Kapitel

Das Haus bestellen – Vorsorge treffen

Vorsorgemappe

Eine Hilfe für Angehörige

Inhalt der Vorsorgemappe:

- Hinweise für den, der den Nachlass zu richten hat – entsprechende Vollmachten
- Das Testament
- Willenserklärung für lebensbedrohliche Situationen
- Verfügung über die Art der Bestattung
- Namensliste (mit Anschriften) der Personen, die im Todesfall benachrichtigt werden sollen.
- Alle relevanten Urkunden:
  - Familienstammbuch
  - Geburtsurkunde
  - Heiratsurkunde
  - Bescheinigung über Taufe, Konfirmation, Firmung, Trauung
  - Zeugnisse
  - Gesellen-, Meisterbrief
  - Anstellungsverträge
  - Ernennungen, Ehrungen, Auszeichnungen
- Urkunde über Grabstätte – Niederlegung besonderer schriftlicher Wünsche
- Besitzdokumente
  - Hinweise auf Konten
  - Hinweise auf Wertpapiere, Aktien
  - Grundbuchauszüge im Falle von Grundbesitz
  - Geschäftsanteile, Beteiligungen, Kaufverträge
  - Forderungen an Dritte
- Dokumente über Einkünfte und Versicherungen
  - Sozialversicherungsunterlagen, Renten- und Pensionsbescheide
  - Mitgliedsausweis der Krankenkasse
  - Lebensversicherungspolicen

- Hinweis auf die Mitgliedschaft in einer Sterbekasse
- Haftpflicht- und Unfallversicherungspolicen
- Sonstige Versicherungen

› Verträge und Verbindlichkeiten
- Mietverträge
- Pachtverträge
- Ratenverträge
- Sonstige Verträge

Wichtig

Diese Mappe sollte nicht in der Wohnung versteckt werden, sondern an einer allgemein bekannten Stelle hinterlegt werden (z. B. in einem Bankschließfach, bei einem Anwalt, einer Vertrauensperson).

Sein Testament machen

Es gibt drei verschiedene Testamentsarten:
- das eigenhändige Testament,
- das öffentliche Testament und
- das Nottestament.

Das eigenhändige Testament

Das eigenhändige Testament, das den Regelfall darstellt, muss vom Erblasser selbst geschrieben oder unterschrieben sein und in verständlicher Sprache und Schrift die Erben bezeichnen. Es muss handschriftlich verfasst sein.

Ein Testament sollte folgenden Inhalt aufweisen:
- Kennzeichnung als Testament.
- Genaue Beschreibung, welche Personen welche Gegenstände und Werte erben sollen. Sowohl die Person als auch das zu vererbende Gut sollen eindeutig und zweifelsfrei benannt werden. Es empfiehlt sich, die Erbberechtigten mit vollem Namen zu benennen und nicht nur mit dem Grad ihrer Verwandtschaftszugehörigkeit.
- Es können Bedingungen an die Erbverfügung geknüpft werden, jedoch nur, wenn diese nicht gegen ein gesetzliches Verbot oder die guten Sitten verstoßen.
- Ort und Datum
- Unterschrift

Man kann das eigenhändige Testament amtlich verwahren lassen. Zuständig ist hierfür jedes Amtsgericht. Durch die amtliche Verwahrung ändert sich jedoch nichts am Inhalt und an der Gültigkeit des Testaments.

Das öffentliche Testament

Mit einem Notar kann man die Errichtung eines sogenannten öffentlichen Testaments besprechen. Hier gibt es zwei unterschiedliche Formen:

Das Testament wird mit seinem vollen Inhalt mündlich zu Protokoll des Notars gegeben, d. h. es wird die Erklärung des Letzten Willens zu Protokoll genommen.

Der Erblasser übergibt bereits ein fertiges Schreiben mit der mündlichen Erklärung, dass dieses Schreiben den Letzten Willen enthält.

Ist man sich nicht sicher, wie man ein Testament verfassen soll, so ist das öffentliche Testament zu Protokoll des Notars zu empfehlen.

Nottestament

Nun kann auch ein Notfall eintreten, sodass eine Testamentsniederlegung nur mit Einschränkungen möglich ist.

- Bürgermeister-Testament
  Kann ein Notar nicht mehr geholt werden, da der Erblasser zu sterben droht, so kann der Bürgermeister einer Gemeinde, in der man sich gerade aufhält, die Niederschrift vornehmen. Der Bürgermeister muss zur Beurkundung zwei Zeugen hinzuziehen.
- Drei-Zeugen-Testament
  Ist auch kein Bürgermeister mehr zu erreichen, so genügen drei Zeugen. Diese drei Zeugen sollten im Testament jedoch nicht bedacht werden. Die drei Zeugen hören sich das Testament an, verfertigen eine Niederschrift und unterschreiben diese.

Organspende

Die Bereitschaft, nach seinem Tod Organe zu spenden, die für andere Menschen lebensrettend sein können, ist eine sehr persönliche Entscheidung. Ihre Bereitschaft dazu können Sie auch schon in der Patientenverfügung festlegen. Sicherer aber ist es, einen eigenen Organspendeausweis bei sich zu tragen. Alle notwendigen und hilfreichen Informationen über den derzeitigen Stand in medizinischer und rechtlicher Hinsicht wie auch den Organspendeausweis selbst erhalten Sie unter www.organspende-info.de oder kostenfrei unter der Telefonnummer 0800/9040400 bei der Bundeszentrale für gesundheitliche Aufklärung.

Organspendeausweis
nach § 2 des Transplantationsgesetzes
Organspende

Name, Vorname Geburtsdatum

Straße PLZ, Wohnort

BZgA Bundeszentrale für gesundheitliche Aufklärung

Organspende schenkt Leben.

Antwort auf Ihre persönlichen Fragen erhalten Sie beim Infotelefon Organspende unter der gebührenfreien Rufnummer 0800/90 40 400.

Vorsorgevollmacht – Betreuungsverfügung – Patientenverfügung

Mit zunehmendem Alter steigt auch das Risiko, im Falle von Krankheit und Betreuungsbedürftigkeit nicht mehr in vollem Umfang entscheidungs- und handlungsfähig zu sein. Wenn Sie möchten, dass auch dann alles in Ihrem Sinne geregelt wird, können Sie Vorsorge durch entsprechende Vollmachten und Verfügungen treffen.
Es gibt drei unterschiedliche Vollmachten:

1. Vorsorgevollmacht

In einer solchen Vollmacht benennen Sie eine Person, die bei eigener Unfähigkeit für Sie wichtige Entscheidungen treffen kann. Die Vorsorgevollmacht kann sich auf verschiedene Bereiche beziehen, wie z. B. Verträge, Bankgeschäfte oder auch Unterbringung in einem Pflegeheim bzw. Versorgung in dringenden Krankheitsfällen. Um der Vorsorgevollmacht wirklich Durchsetzungskraft zu verleihen, sollte sie notariell beglaubigt sein. Dies ist in jedem Fall notwendig für Bankgeschäfte und Grundstücksangelegenheiten.

Weitere Informationen und Formulare wie auch Formulierungshilfen finden Sie im Internet unter www.caritas.de oder auch unter www.bmj.de jeweils unter dem Stichwort »Vorsorgevollmacht«.

2. Betreuungsverfügung

Wenn Sie aufgrund eines Unfalls oder einer Erkrankung Ihre Angelegenheiten nicht mehr ganz oder nur noch teilweise verantwortlich regeln können und keine Vorsorgevollmacht getroffen haben, kann die Bestellung eines »Betreuers« durch das Vormundschaftsgericht erforderlich werden.

Durch Erlass einer Betreuungsverfügung in gesunden Tagen können Sie Vorsorge treffen, indem Sie dem Vormundschaftsgericht eine Person vorschlagen, der zu Ihrem Betreuer bestellt werden soll, wenn Sie selbst nicht mehr entscheidungsfähig sind. Diese Verfügung kann auch mit der Vorsorgevollmacht verbunden werden.

Nähere Hinweise und Musterformulare zur Betreuungsverfügung finden Sie im Internet unter www.caritas.de oder www.bmj.de Stichwort »Betreuungsrecht«.

3. Patientenverfügung

In einer Patientenverfügung wird geregelt, welche Schritte Sie im Krankheitsfall in Bezug auf Ihre ärztliche Versorgung wünschen und welche Schritte unterbleiben sollen.

Die Broschüre »Christliche Patientenvorsorge« wurde von der evangelischen und katholischen Kirche gemeinsam herausgegeben. Einen Überblick über den Inhalt sowie das Formular für eine Patientenverfügung finden Sie im Folgenden abgedruckt. Die vollständige Handreichung finden Sie im Internet unter www.dbk.de/themen/christliche-patientenvorsorge. Sie ist ebenso kostenlos per Post zu beziehen:

Deutsche Bischofskonferenz
Kaiserstr. 161
53113 Bonn

Kirchenamt der EKD
Herrenhäuserstr. 12
30419 Hannover

Inhaltsverzeichnis der CHRISTLICHEN PATIENTENVORSORGE-Handreichung

3.3 Unterschriften unter das Formular der CHRISTLICHEN PATIENTENVORSORGE

4. Was ist noch wissenswert?
4.1 Wie sorgen Sie dafür, dass Ihre Wünsche bekannt werden?
4.2 Was ist zu beachten, wenn man bereits eine CHRISTLICHE PATIENTENVERFÜGUNG ausgefüllt hatte?
4.3 Gibt es eine Pflicht, eine Vorsorgeverfügung zu verfassen?
4.4 Wie verhalten sich die CHRISTLICHE PATIENTENVORSORGE und ein Organspendeausweis zueinander?
4.5 Was passiert in einer Notfallsituation?
4.6 Was umfassen Behandlung und Pflege am Lebensende?
4.7 Wann und wie sind künstliche Ernährung und Flüssigkeitszufuhr geboten?
4.8 Gibt es einen Anspruch auf seelsorgerlichen Beistand?

Geleitwort

Viele Menschen blicken mit Sorge auf das Ende ihres Lebens. Manchmal sind es eine bestehende Krankheit oder hohes Alter, manchmal die Furcht vor einem Unfall oder einer plötzlich auftretenden Erkrankung, die sie fragen lassen: Werden am Ende meines Lebens Menschen bei mir sein, mir beistehen und Kraft geben? Werde ich zu Hause sterben können oder wird man mich ins Krankenhaus bringen? Werde ich unter starken Schmerzen leiden? Werde ich noch selbst bestimmen können, welche medizinischen Behandlungen an mir vorgenommen werden sollen und welche nicht?

So schwer es ist, sich mit der eigenen Sterblichkeit und den damit verbundenen Fragen auseinanderzusetzen, so sinnvoll ist es, ihnen nicht auszuweichen. Mit der Handreichung CHRISTLICHE PATIENTENVORSORGE DURCH VORSORGEVOLLMACHT, BETREUUNGSVERFÜGUNG, BEHANDLUNGSWÜNSCHE UND PATIENTENVERFÜGUNG und dem darin enthaltenen Formular möchten wir eine Hilfestellung geben: Wir möchten dazu anregen, sich mit dem Sterben und den eigenen Wünschen im Umgang mit einer lebensbedrohlichen Erkrankung zu befassen. Wir möchten dazu beitragen, den Dialog zwischen der Ärzteschaft, dem Pflegepersonal, der Krankenhausseelsorge, den Patientinnen und Patienten sowie ihren Angehörigen über die verschiedenen Möglichkeiten der Patientenvorsorge zu intensivieren. Wir hoffen, damit einen Weg zwischen unzumutbarer Lebensverlängerung und nicht verantwortbarer Lebensverkürzung aufzuzeigen. Die CHRISTLICHE PATIENTENVORSORGE berücksichtigt theologisch-ethische Aspekte eines christlichen Umgangs mit dem Ende des irdischen Lebens und erläutert die wichtigsten juristischen Gesichtspunkte.

Die vorliegende Handreichung mit ihrem Formular ist eine Überarbeitung der 1999 in erster und 2003 in zweiter Auflage veröffentlichten CHRISTLICHEN PATIENTENVERFÜGUNG, die sich einer außerordentlich großen Nachfrage erfreute. Die erneute Überarbeitung wurde notwendig durch das am 1. September 2009 in Kraft getretene »Dritte Gesetz zur Änderung des Betreuungsrechts«.

Die dort erfolgte umfassende rechtliche Neuregelung machte zahlreiche Änderungen erforderlich. Schon der neue Titel »CHRISTLICHE PATIEN-

TENVORSORGE« verdeutlicht dies. Er bezieht sich nicht mehr nur auf die eigentliche Patientenverfügung, sondern umfasst auch drei andere Möglichkeiten der selbstbestimmten Vorsorge: Vorsorgevollmacht, Betreuungsverfügung und Äußerung von Behandlungswünschen. Diese vier Möglichkeiten der Patientenvorsorge bringen den Willen eines entscheidungsfähigen Menschen im Vorfeld einer Erkrankung oder des Sterbens zum Ausdruck. Sie werden wichtig, wenn der Patient entscheidungsunfähig wird, d. h. aufgrund einer Erkrankung oder Verletzung außer Stande ist, seinen aktuellen Willen zu äußern.

Die CHRISTLICHE PATIENTENVORSORGE gliedert sich in die Handreichung mit insgesamt vier Kapiteln und das dazwischen geheftete Formular. Der Text der Handreichung ist so angelegt, dass die wesentlichen Gesichtspunkte in den Kapiteln 1 und 2 konzentriert sind. Die Kapitel 3 und 4 sind eine ergänzende Hilfe für den Umgang mit dem Formular. Die Kirchen, die die CHRISTLICHE PATIENTENVORSORGE veröffentlichen, empfehlen, sich frühzeitig und intensiv darüber Gedanken zu machen, welche Vertrauenspersonen als Bevollmächtigte und Betreuer benannt werden können und welche medizinische Behandlung gewünscht wird. Die Kirchen empfehlen darüber hinaus eine ärztliche Beratung beim Ausfüllen des Formulars, auch wenn diese gesetzlich nicht vorgeschrieben ist.

Die Kirchen tragen mit der von ihnen herausgegebenen CHRISTLICHEN PATIENTENVERFÜGUNG seit 1999 und nunmehr auch mit der hier vorliegenden CHRISTLICHEN PATIENTENVORSORGE der vielfältig geäußerten Bitte Rechnung, eine Handreichung anzubieten, die sich in besonderer Weise dem christlichen Glauben verpflichtet weiß. CHRISTLICHE PATIENTENVORSORGE bedeutet allerdings nicht, dass sie nur von Christen benutzt werden kann, wohl aber, dass sie von christlichen Überzeugungen geprägt ist, so beispielsweise von der deutlichen Ablehnung der Tötung auf Verlangen und der ärztlichen Beihilfe zur Selbsttötung.

Der christliche Glaube schenkt uns die Gewissheit, dass das Leben in der Gemeinschaft mit Jesus Christus durch den Tod hindurch Bestand hat. Als Christen bezeugen wir, was in der Heiligen Schrift gesagt ist: »Gott wird in ihrer Mitte wohnen, und sie werden sein Volk sein; und er, Gott, wird bei ihnen sein. Er wird alle Tränen von ihren Augen abwischen: Der Tod wird nicht mehr sein, keine Trauer, keine Klage, keine Mühsal. Denn was früher war, ist vergangen. Er, der auf dem Thron saß, sprach: Seht, ich mache alles neu« (Offenbarung 21,3-5).

Die Gegenwart Jesu Christi gibt Menschen den Mut und die Hoffnung, selbst in den schwierigsten Situationen ihres Lebens Zeichen des kommenden Reiches Gottes wahrzunehmen und weiterzugeben. Sie gibt auch die Kraft, Menschen auf der letzten Wegstrecke ihres Lebens zu begleiten.

Hannover / Bonn / Frankfurt am Main, im Dezember 2010

Präses Nikolaus Schneider
Vorsitzender des Rates der Evangelischen Kirche in Deutschland

Erzbischof Dr. Robert Zollitsch
Vorsitzender der Deutschen Bischofskonferenz

Landesbischof Dr. Friedrich Weber
Vorsitzender der Arbeitsgemeinschaft Christlicher Kirchen in Deutschland

Formular der Christlichen Patientenvorsorge

Vorname	Nachname	Geburtsdatum
Straße, Hausnummer	PLZ, Wohnort	Telefon / Mobil

Teil A: Benennung einer Vertrauensperson

I. Vorsorgevollmacht in Gesundheits- und Aufenthaltsangelegenheiten

Ich erteile hiermit als Person / Personen meines besonderen Vertrauens

Name: ....

Geburtsdatum: ....

Straße, Hausnummer: ....

PLZ, Wohnort: ....

Telefon / Mobil: ....

Name: ....

Geburtsdatum: ....

Straße, Hausnummer: ....

PLZ, Wohnort: ....

Telefon / Mobil: ....

und bei Verhinderung der oben genannten Personen

Name: ....

Geburtsdatum: ....

Straße, Hausnummer: ....

PLZ, Wohnort: ....

Telefon / Mobil: ....

Einzelvollmacht, mich in den nachfolgenden Angelegenheiten zu vertreten.

Die nebenstehend genannten Personen dürfen mich in allen Angelegenheiten der Gesundheitssorge und einer ambulanten oder (teil-)stationären Pflege einschließlich der damit verbundenen vermögensrechtlichen Angelegenheiten vertreten.

Sie dürfen in sämtliche Maßnahmen zur Untersuchung des Gesundheitszustandes, in Heilbehandlungen und in ärztliche Eingriffe einwilligen, auch wenn diese mit Lebensgefahr verbunden sein könnten oder ich einen schweren oder länger dauernden gesundheitlichen Schaden erleiden könnte (§ 1904 Abs. 1 BGB).

Sie dürfen ihre Einwilligung in jegliche Maßnahmen zur Untersuchung des Gesundheitszustands, in Heilbehandlungen und ärztliche Eingriffe verweigern oder widerrufen, auch wenn die Nichtvornahme der Maßnahme für mich mit Lebensgefahr verbunden sein könnte oder ich dadurch einen schweren oder länger dauernden gesundheitlichen Schaden erleiden könnte (§ 1904 Abs. 2 BGB). Sie dürfen somit auch die Einwilligung zum Unterlassen oder Beenden lebensverlängernder Maßnahmen erteilen.

Sie dürfen Krankenunterlagen einsehen und deren Herausgabe an Dritte bewilligen. Ich entbinde alle behandelnden Ärzte und nichtärztliches Personal gegenüber den bevollmächtigten Personen von ihrer Schweigepflicht.

Die nebenstehend genannten Personen können meinen Aufenthalt bestimmen. Sie können über die Unterbringung mit freiheitsentziehender Wirkung (§ 1906 Abs. 1 BGB) und über freiheitsentziehende Maßnahmen (z. B. Bettgitter, Medikamente und Ähnliches) in einem Heim oder in einer sonstigen Einrichtung (§ 1906 Abs. 4 BGB) entscheiden, solange dergleichen zu meinem Wohl erforderlich ist.

II. Betreuungsverfügung

Hiermit verfüge ich – gegebenenfalls in Ergänzung zur vorangehenden Vollmachtserklärung – für den Fall, dass eine Betreuungsperson als gesetzlicher Vertreter bestellt werden muss, folgende Person einzusetzen:

Name: ....

Geburtsdatum: ....

Straße, Hausnummer: ....

PLZ, Wohnort: ....

Telefon / Mobil: ....

und bei Verhinderung der erstgenannten Person

Name: ....

Geburtsdatum: ....

Straße, Hausnummer: ....

PLZ, Wohnort: ....

Telefon / Mobil: ....

Auf **keinen Fall** soll zum Betreuer oder zur Betreuerin bestellt werden:

Name: ....

Geburtsdatum: ....

Straße, Hausnummer: ....

PLZ, Wohnort: ....

Telefon / Mobil: ....

III. Unterschriften

1. Unterschrift des Verfassers / der Verfasserin *(notwendig)*

Ort, Datum | Unterschrift

2. Bestätigung durch die Vertrauenspersonen *(freiwillig)*

Hiermit bestätige ich, dass ich bereit bin, die Vollmacht bzw. Betreuung in der oben genannten Weise zu übernehmen und mich bei einer Entscheidung an den geäußerten Wünschen, Werten und Verfügungen zu orientieren.

Unterschrift der Vertrauenspersonen

Ort, Datum | Unterschrift

Ort, Datum | Unterschrift

Ort, Datum | Unterschrift

Teil B: Bestimmungen für meine medizinische Behandlung

I. Behandlungswünsche und Patientenverfügung

1. **Für den Fall, dass ich meinen Willen nicht mehr bilden oder äußern kann und ich mich entweder aller Wahrscheinlichkeit nach unabwendbar im unmittelbaren Sterbeprozess oder im Endstadium einer unheilbaren, tödlich verlaufenden Krankheit befinde, verfüge ich durch Ankreuzen Folgendes:**

☐ Ärztliche Begleitung und Behandlung sowie sorgsame Pflege sollen in diesen Fällen auf die Linderung von Beschwerden, wie z. B. Schmerzen, Unruhe, Angst, Atemnot oder Übelkeit, gerichtet sein, selbst wenn durch die notwendigen Maßnahmen eine Lebensverkürzung nicht auszuschließen ist.

☐ Es soll keine künstliche Ernährung durch ärztliche Eingriffe (z. B. weder über eine Sonde durch Mund, Nase oder Bauchdecke, noch über die Venen) erfolgen. Hunger soll auf natürliche Weise gestillt werden, gegebenenfalls mit Hilfe bei der Nahrungsaufnahme.

☐ Künstliche Flüssigkeitszufuhr soll nach ärztlichem Ermessen reduziert werden. Durstgefühl soll auf natürliche Weise gestillt werden, gegebenenfalls mit Hilfe bei der Flüssigkeitsaufnahme und Befeuchtung der Mundschleimhäute.

☐ Wiederbelebungsmaßnahmen sollen unterlassen werden.

☐ Auf künstliche Beatmung soll verzichtet werden, aber Medikamente zur Linderung der Atemnot sollen verabreicht werden. Die Möglichkeit einer Bewusstseinsdämpfung oder einer ungewollten Verkürzung meiner Lebenszeit durch diese Medikamente nehme ich in Kauf.

☐ Es soll keine Dialyse durchgeführt werden bzw. eine schon eingeleitete Dialyse soll eingestellt werden.

☐ Es sollen keine Antibiotika mehr verabreicht werden.

☐ Auf die Gabe von Blut oder Blutbestandteilen soll verzichtet werden.

☐ Diagnostische Maßnahmen oder eine Einweisung in ein Krankenhaus sollen nur dann erfolgen, wenn sie einer besseren Beschwerdelinderung dienen und ambulant zu Hause nicht durchgeführt werden können.

☐ Wenn möglich, möchte ich zu Hause bleiben können und hier die notwendige Pflege erhalten.

☐ Wenn ich nicht zu Hause bleiben kann, möchte ich in folgende/s Krankenhaus / Hospiz / Pflegeeinrichtung eingeliefert werden:

....

....

2. Ich besitze einen Organspendeausweis und habe darin meine Bereitschaft zur Spende meiner Organe und Gewebe erklärt:

   ☐ Es ist mir bewusst, dass Organe nur nach Feststellung des Hirntodes bei aufrechterhaltenem Kreislauf entnommen werden können. Deshalb gestatte ich ausnahmsweise für den Fall, dass bei mir eine Organspende medizinisch in Frage kommt, die kurzfristige (Stunden bis höchstens wenige Tage umfassende) Durchführung intensivmedizinischer Maßnahmen zur Bestimmung des Hirntodes nach den Richtlinien der Bundesärztekammer und zur anschließenden Entnahme der Organe.

3. Ich möchte Beistand durch

   ☐ folgende Person (z. B. einer Kirche):

   Name: ....

   Straße, Hausnummer: ....

   PLZ, Wohnort: ....

   Telefon / Mobil: ....

   ☐ einen Hospiz-/Palliativdienst

4. **Raum für ergänzende Verfügungen:** *(Siehe hierzu die Erläuterungen in Abschnitt 3.2.4 »Raum für ergänzende Verfügungen«, Seiten 21–22)*

....

....

....

....

....

....

....

....

....

....

....

....

....

Für weitere Erläuterungen bitte gesondertes Blatt beilegen und mit Ort, Datum und Unterschrift versehen.

II. Unterschriften

1. Unterschrift des Verfassers/der Verfasserin *(notwendig)*

Ort, Datum .... Unterschrift ....

2. Zur Festlegung meines hier geäußerten Willens habe ich mich beraten lassen von *(freiwillig)*

Vorname .... Nachname .... Geburtsdatum ....

Straße, Hausnummer .... PLZ, Wohnort .... Telefon / Mobil ....

Beruf ....

Bitte bedenken Sie:

Ihre Einstellungen und Situation können sich ändern. Sie können Ihre CHRISTLICHE PATIENTENVORSORGE jederzeit ändern oder insgesamt widerrufen *(Näheres siehe Abschnitt 3.2.3, Seite 20)*. Bitte überprüfen Sie daher in regelmäßigen Abständen die Festlegungen in Ihrer CHRISTLICHEN PATIENTENVORSORGE.

Die Autoren

Peter Neysters, geboren 1942, ist verheiratet und Vater von drei erwachsenen Kindern. Auch nach seiner Tätigkeit als Leiter der Abteilungen »Ehe und Familie« sowie »Sakramentenpastoral« im Bistum Essen ist er weiter in der Ehe- und Familienarbeit engagiert.

Karl Heinz Schmitt, geboren 1943, war Professor für Erziehungswissenschaft mit dem Schwerpunkt Erwachsenenbildung und Gemeindekatechese. Bis 2010 war er Rektor der Katholischen Fachhochschule Nordrhein-Westfalen. Das große Anliegen des Seelsorgers ist eine gute Gemeindearbeit. Deshalb ist er weiterhin in der Fortbildung pastoraler Mitarbeiter tätig.

Peter Neysters und Karl Heinz Schmitt sind Autoren des langjährigen Bestsellers
»Durch das Jahr – durch das Leben.
Das christliche Hausbuch für die Familie«.

Textverzeichnis

S. 12 Huub Oosterhuis, »Ich steh vor dir mit leeren Händen …«, aus dem Niederländischen übertragen von Lothar Zenetti, GL 621 © Christophorus in der Verlag Herder GmbH, Freiburg i. Br. 1973

S. 15 Kurt Marti, aus: ders., Leichenreden © Nagel & Kimche im Carl Hanser Verlag, München 2001

S. 17 Rose Ausländer, aus: dies., Hügel aus Äther unwiderruflich. Gedichte und Prosa 1966–1975 © S. Fischer Verlag GmbH, Frankfurt/Main 1984

S. 19 Thomas Mann, aus: ders., Politische Schriften und Reden © S. Fischer Verlag GmbH, Frankfurt /Main 1968

S. 28 Tina Krug, Man sagt mir © Mechtild Voss-Eiser, Dahlenburg

S. 29 Hilde Domin, Auszug aus: dies., Die schwersten Wegen. In: dies., Gesammelte Gedichte © S. Fischer Verlag GmbH, Frankfurt/Main 1987

S. 31 Mascha Kaléko, aus: dies., Verse für Zeitgenossen. Erschienen im Rowohlt Verlag, Reinbek © Gisela Zoch Westphal, 1975

S. 35 Heiner Müller, aus: ders., Gesammelte Irrtümer Bd. 2, Frankfurt/Main

S. 38 Erich Kästner, aus: ders., Ein Mann gibt Auskunft © Atrium Verlag Zürich und Thomas Kästner

S. 44 Erich Fried, aus: ders., Lebensschatten © Verlag Klaus Wagenbach, Berlin 1981

S. 52 Friedrich Karl Barth/Peter Horst © Strube Verlag, München

S. 54 Max Frisch, aus: ders., Gesammelte Werke Bd. 7, Suhrkamp Verlag, Frankfurt 1950

S. 55, 211, 222 Ernst Ginsberg, aus: ders., Abschied. Erinnerungen, Theateraufsätze, Gedichte. Elisabeth Brock-Sulzer (Hg.) © 1965,1991 by Verlags AG Die Arche, Zürich

S. 59 Anton Rotzetter, »Warum?«, aus: ders., Gott, der mich atmen lässt. Gebete des Lebens © Verlag Herder GmbH, Freiburg i. Br., 17. Gesamtauflage 2002, S. 134

S. 60 Kyrilla Spieker, aus: dies., »Salzkörner«, Echter-Verlag, Würzburg © Abtei vom Heiligen Kreuz Herstelle, Beverungen

S. 62 Dag Hammarskjöld, aus: ders., Zeichen am Weg © Verlag Freies Geistesleben & Urachhaus GmbH, Stuttgart 2011

S. 69 Kurt Marti, Noch immer spricht Hoffnung © Kurt Marti

S. 71 Christine Lavant, Es riecht nach Schnee, der Sonnenapfel hängt, aus: dies., Die Bettlerschale © Otto Müller Verlag, Salzburg 72002

S. 80 Erika Mitterer, Jenseits, aus: dies., Das gesamte lyrische Werk, Band II, Edition Doppelpunkt, Wien 2001, S. 132

S. 84 Khalil Gibran, Wenn dir jemand erzählt, aus: ders., Sämtliche Werke, Patmos Düsseldorf 2003

S. 93 Dorothee Sölle, »Wir können viele Leiden und die Bitterkeit …«, aus: dies., Leiden. In: Gesammelte Werke Bd. 4, Die Wahrheit macht euch frei © Kreuz Verlag in der Verlag Herder GmbH, Freiburg i.Br. 2006, S. 162

S. 96 Wolfgang Holzschuh, aus: ders., Die Trauer der Eltern bei Verlust eines Kindes. Eine praktische theologische Untersuchung, Studien zur Theologie und Praxis der Seelsorge Bd. 37 © Echter Verlag Würzburg 22000

S. 101, 210 Johannes Friedrich, in: chrismon 11/2011, www.chrismon.de

S. 101 Anna Wimschneider, aus: dies., Herbstmilch. Lebenserinnerungen einer Bäuerin © Piper Verlag GmbH, München 1984

S. 104 Kurt Marti, Leichenreden © Nagel & Kimche im Carl Hanser Verlag, München 2001

S. 107 Dorothee Sölle, Auszug aus: dies., Das Fenster der Verwundbarkeit. In: Gesammelte Werke Bd. 2 © Kreuz Verlag in der Verlag Herder GmbH, Freiburg i.Br. 2006, S. 306–307

S. 110 Ricarda Huch, aus: dies., Gesammelte Werke Bd. 5, Wilhelm Emrich (Hg.) © Verlag Kiepenheuer & Witsch, Köln 1971

S. 116 Hanna Hanisch, aus: Vorlesebuch Religion 1. Dietrich Steinwede, Sabine Ruprecht © AAP Lehrerfachverlage GmbH

S. 121 Mascha Kaléko, aus: dies., In meinen Träumen läutet es Sturm © Deutscher Taschenbuch Verlag, München 1977

S. 124 Reiner Kunze, aus: ders., eines jeden einzigen leben © S. Fischer Verlag GmbH, Frankfurt/Main 1986

S. 128 Martin Gutl, aus: Josef-Dirnbeck, Martin Gutl, Ich wollte schon immer mit dir reden. Styria Verlag, Graz-Wien-Köln 41986

S. 132, 237, 242 Dietrich Bonhoeffer © by Gütersloher Verlagshaus, Gütersloh, in der Verlagsgruppe Random House GmbH, München

S. 135 Mit Humor zur letzten Ruhestatt © Uwe Ibl; epd (Evangelischer Pressedienst)

S. 141 Franz Züsli-Niscosi, Frühlingshell, Fundort: NZZ, Zürich 1979

S. 145 Marie-Luise Wölfing, Segen der Trauernden © Rechte bei Autorin

S. 150 Anna L. Walters, »Ich bin von der Erde …«, aus: Rudolf Kaiser, Indianischer Sonnengesang. Die Weisheit der Erde in der Spiritualität nordamerikanischer Indianer © Verlag Herder GmbH, Freiburg i. Br. 41997, S. 150

S. 162, 203 Marie Luise Kaschnitz, aus: dies., Gesammelte Werke © Insel Verlag, Frankfurt 1985

S. 165 Eugen Roth, aus: ders., Sämtliche Werke Bd. 1/5, München-Wien 1977 © Thomas Roth, München

S. 166 Marlene Dietrich, in: Spiegel 09/1984

S. 170 Hans-Werner Kube © Rechte beim Autor

S. 172 Text: Schalom Ben-Chorin (nach Jer 1,11) © Text: SCM Hänssler, Holzgerlingen 1942

S. 173 Martin Buber © by Gütersloher Verlagshaus, Gütersloh, in der Verlagsgruppe Random House GmbH, München

S. 175 Gerhard Lohfink, aus: ders., Der Tod ist nicht das letzte Wort. Meditationen © Verlag Herder GmbH, Freiburg i. Br. 151991, S. 50 – Wilhelm Breuning, Auszug aus: ders., Auferweckung der Toten. In: Franz Böckle u.a., Zwischenzeit und Vollendung der Heilsgeschichte, Benziger Zürich 1976

S. 178 Joachim Dachsel, aus: ders., Spuren im Spiegellicht, Union Verlag, Berlin 1982

S. 181 Anne Breitenbach, aus: Feuer. Land © demand verlag, Waldburg 2003

S. 183 Bertold Brecht, aus: ders., Werke. Große kommentierte Berliner und Frankfurter Ausgabe, Bd. 11 © Suhrkamp Verlag, Frankfurt 1988

S. 185 Kurt Marti, aus: ders., Namenszug mit Mond. Gedichte © Nagel & Kimche im Carl Hanser Verlag, München 1996

S. 188 Elisabeth Kübler-Ross, in: Zeitschrift factum 7/2004 – Maurice Maeterlinck, aus: ders., Vom Tode, Diederichs-Verlag München 1913

S. 193 Huub Oosterhuis, »Wer leben will wie Gott auf dieser Erde …«, aus dem Niederländischen übertragen von Johannes Bergsma, GL 183 © Christophorus in der Verlag Herder GmbH, Freiburg i. Br. 1969

S. 196 Steve Jobs, Aus einer Rede vor Stanford-Studenten, 2005

S. 201 Erich Fried, aus: ders., Es ist was es ist © Verlag Klaus Wagenbach, Berlin 1983

S. 203 Elias Canetti, aus: ders., Die Provinz des Menschen © Carl Hanser Verlag, München 1973

S. 204 Dorothee Sölle, aus: dies., Die Hinreise, Kreuz Verlag, Stuttgart 1975 © Fulbert Steffensky

S. 206 Erich Fried, aus: ders., Das Nahe suchen © Verlag Klaus Wagenbach, Berlin 1982

S. 208 Eric-Emmanuel Schmitt, aus: ders., Oskar und die Dame in Rosa © Albin Michel, S.A., Paris 2002. Aus dem Französischen von Annette und Paul Bäcker © Ammann Verlag & Co., Zürich 2003. Alle Rechte vorbehalten S. Fischer Verlag GmbH, Frankfurt/Main

S. 213 Franz Böckle, Im Ernstfall des Todes, aus: P. Propping (Hg.), Ehrenpromotion Franz Böckle, Bonn 1991

S. 215 Robert Walser, aus: ders., Die Einladung in R. Walser, Sämtliche Werke Bd. 2, Jochen Greven (Hg.), Suhrkamp Zürich/Frankfurt 1978, S. 80

S. 216 Christa Peikert-Flaspöhler, »Unterwegs nach Emmaus«, aus: dies., Füße hast du und Flügel © Lahn-Verlag GmbH, Kevelaer ^{2}1982, S. 38

S. 217 Gabriel Marcel, aus: ders., Auf der Suche nach Wahrheit und Gerechtigkeit. Vorträge in Deutschland. Wolfgang Ruf (Hg.) © Verlag Josef Knecht, Frankfurt 1964

S. 218 Max Frisch, Fragebogen, aus: ders., Gesammelte Werke, Suhrkamp Verlag, Frankfurt 1950

Die biblischen Texte sind in der Regel nach der Einheitsübersetzung der Heiligen Schrift zitiert © Katholische Bibelanstalt, Stuttgart

Einige Quellenangaben waren trotz Bemühungen des Verlags nicht oder nur ungenau möglich. Der Verlag ist für weiterführende Hinweise dankbar.

Bildverzeichnis

S. 134 © epd (Evangelischer Pressedienst)
S. 152 © Armin Köhler, Vaterstetten

Alle anderen Fotos: © Mumpitz/danimages/Hero/Robert Hoetink/waltart/pegasusart/Julian Weber/Sunnydays/Jeanette Dietl/Fulcanelli/Olivier Le Moal/VRD/Martina Berg/martintu/panthesja/Grischa Georgiew/Dmitry Sunagatov/Dino Hrustanovic/Fatih Kocyildir/matttilda/gunnar3000/Irina Fischer/Malin Jo/eyewave/Sven Hoppe/Benjamin Wohlbrecht/Erdmännchen/Tomasz Pawlowski/Bernd S./Roman Sigaev/alma_sacra/openlens/Hank Frentz/Stefan Körber/felinda/Andreas Haertle/Jaroslaw Grudzinski/hinnamsaisuy/forelle66/frankoppemann/Stephen Leyk/Cobalt/Carola Vahldiek – Fotolia.com